Baby HALDER

UNE VIE
MOINS ORDINAIRE

Traduit de l'anglais (Inde)
par Nathalie Bourgeau

Éditions
Philippe Picquier

Titre original : *A Life Less Ordinary*

Edition originale anglaise : Zubaan, New Delhi, 2006

© 2004, Baby Halder
pour l'original en bengali *(Aalo Aandhari)*
Aalo Aandhari, écrit en bengali, a été publié pour la première fois dans
une traduction en hindi. La traduction anglaise est basée sur la version
en hindi.

© 2002, Prabodh Kumar
pour la traduction en hindi

© 2006, Urvashi Butalia
pour la traduction anglaise

© 2007, Editions Philippe Picquier
pour la traduction française
Mas de Vert
B.P. 20150
13631 Arles cedex

Conception graphique : Picquier & Protière

Mise en page : Atelier EquiPage - Marseille

ISBN : 978-2-87730-928-8

Jusqu'à l'âge de quatre ans, j'ai vécu dans un village du Jammu avec mon père, ma mère, mes frères et ma sœur. Baba[1], mon père, avait un travail là-bas. C'était un endroit magnifique entouré de hautes montagnes et de fleurs de toutes sortes. Quand nous en partîmes, Baba nous emmena à Murshidabad. Peu de temps après, il fut encore transféré à Dalhousie où nous le suivîmes tous. Dalhousie me rappelait beaucoup le Jammu et Cachemire. Les flocons de neige tourbillonnaient dans le ciel comme un essaim d'abeilles avant de venir se poser doucement au sol. Lorsqu'il pleuvait, nous ne pouvions pas quitter la maison et nous restions jouer à l'intérieur, ou nous mettions le nez à la fenêtre pour regarder tomber la pluie. Nous aimions beaucoup Dalhousie, et nous y restâmes assez longtemps. Chaque jour nous allions nous promener. Le simple fait de regarder les fleurs à flanc de coteau nous rendait heureux. Nous inventions toutes sortes de jeux parmi les fleurs, et parfois, un arc-en-ciel venait se cambrer au-dessus des montagnes, remplissant mon cœur de joie.

---

1. On trouvera à la fin du livre une liste des personnages et un glossaire expliquant les termes d'origine indienne. *(N.d.T.)*

Quand Baba dut repartir pour Murshidabad où vivait mon vieil oncle, notre Jetha, nous pleurâmes. Baba loua une maison pour la famille, et nous, les enfants, fûmes envoyés à l'école. Puis il nous quitta et repartit pour son travail. Chaque mois, il envoyait de l'argent pour couvrir les dépenses du ménage. Au début, l'argent arrivait régulièrement, mais progressivement, il y eut des intervalles de plusieurs mois. Ma avait du mal à joindre les deux bouts, et comment aurait-il pu en être autrement ? Au bout d'un temps, même les lettres commencèrent à se faire attendre. Ma envoyait message après message mais elle n'obtenait aucune réponse. Et Baba était si loin que Ma ne pouvait même pas aller le voir. Elle était très inquiète, mais malgré tous ses soucis, il n'était pas question que nous arrêtions les études.

Plusieurs années passèrent avant que Baba ne revienne à la maison. Nous fûmes très heureux de le voir. Mais après un mois ou deux, à nouveau, il dut repartir. D'abord, l'argent arriva de manière régulière, puis le même schéma se reproduisit. Ma était tellement en colère et contrariée qu'elle s'en prenait souvent à nous. Elle demanda de l'aide à notre Jetha, mais lui-même avait du mal à s'en sortir avec sa famille. Entre-temps, ma sœur Didi devenait une jeune fille et pour Ma c'était un souci supplémentaire. Elle demanda même de l'aide aux vieux amis de Baba, mais leur situation n'avait rien à envier à la nôtre. Ils firent le peu qu'ils pouvaient, mais cela ne suffisait pas : qui aurait pu supporter le poids d'une famille de plus ? Ma envisagea même de trouver du travail, mais cela aurait impliqué de quitter la maison, ce qu'elle n'avait jamais fait de sa vie. Et d'ailleurs, quel travail aurait-elle bien pu faire ? De plus, elle s'inquiétait beaucoup de ce que les gens racontaient sur nous. Mais ce genre de questions, ça ne remplit pas l'estomac, n'est-ce pas ?

Puis un jour, sans prévenir, notre Baba réapparut. En le voyant, Ma fondit en larmes. Et nous aussi, nous nous mîmes tous à pleurer. Mon oncle, soutenu par quelques voisins, essaya par tous les moyens d'expliquer à Baba que ce n'était pas bien de disparaître ainsi, mais lui ne semblait pas convaincu et bientôt, il disparut à nouveau. Ma était dans tous ses états. Je me sentais un peu mieux qu'elle, parce qu'au moins j'avais des amis, en particulier Tutul et Dolly, à qui je pouvais toujours parler et qui avaient beaucoup d'affection pour moi.

Cette fois, peu de temps après être parti, Baba nous écrivit pour nous dire qu'il allait bientôt arrêter de travailler et rentrer à la maison. Nous étions enchantés, mais lorsque Baba finit par revenir, il ne semblait pas du tout heureux d'avoir quitté son travail. Il ne nous parlait pas gentiment, ni à nous ni à Ma, et se mettait en colère pour un rien. Nous le redoutions un peu et nous efforcions de l'éviter : dès que nous l'apercevions, nous filions à pas de loup.

Didi grandissait et Ma ne cessait de s'inquiéter à son sujet. Un jour, mon oncle le plus jeune, celui qui vivait à Karimpur, nous écrivit qu'il avait trouvé un éventuel mari pour ma sœur. A peine avait-il fini de lire la lettre de Chacha que Baba empaqueta rapidement quelques affaires et, sans rien dire à personne, partit avec ma sœur pour Karimpur. Ma était complètement bouleversée. Elle n'arrêtait pas de dire qu'elle ne pouvait plus continuer à vivre ainsi. Quand, implorait-elle, aurait-elle droit à un peu de tranquillité d'esprit ? Tout à coup, cela faisait beaucoup trop pour elle, et un jour, le cœur lourd, elle prit avec elle notre jeune frère et quitta la maison, tout simplement.

Au début, nous pensâmes qu'elle était juste partie au marché, comme d'habitude. Mais comme elle ne revenait pas, nous réalisâmes que quelque chose n'allait pas et nous nous mîmes à pleurer. Notre Jetha, qui vivait près de là, tenta de nous rassurer en disant qu'elle était peut-être allée rendre visite à son frère et qu'elle rentrerait bientôt. Ce jour-là, Baba était à Karimpur, et quand il finit par rentrer, quatre jours plus tard, il nous demanda ce qu'elle avait dit avant de partir. Nous répondîmes qu'elle avait dit qu'elle partait au marché. Alors il alla voir chez le frère de Ma, mais elle n'y était pas. Il fouilla partout où elle aurait pu aller, sans retrouver sa trace. Il était complètement perdu : il avait cherché partout et commençait à être réellement inquiet car il ne voyait aucun autre endroit où elle aurait pu aller.

Finalement, quelqu'un lui suggéra de demander de l'aide à un *gunivaid*, un guérisseur. Et voilà que Baba se mit à suivre cette idée. Il n'arrêtait pas de faire comme ça : quelqu'un lui suggérait une chose, il la faisait, puis quelqu'un d'autre lui suggérait autre chose, et il changeait d'avis. Mais il aurait tout de même dû savoir – comme tous les gens de notre entourage – pourquoi elle était partie. Car tout le monde le condamnait, lui, en disant qu'elle n'était pas du genre à partir pour de simples broutilles. Cela nous peinait beaucoup mais nous ne pouvions pas y faire grand-chose. Baba aussi était malheureux. Ces soucis persistants avaient fait de lui un autre homme. Il était de plus très inquiet au sujet de notre sœur aînée. Comment une fille en âge d'être mariée pouvait-elle rester à la maison une fois sa mère partie ?

Didi n'était pas si vieille que ça : elle avait à peine quinze ans. Mais Baba ne voulait plus attendre, et pour clore le bec à tout le monde, il la maria.

Ce n'est qu'après le départ de Didi que nous nous rendîmes compte à quel point la vie pouvait être difficile sans notre mère. Au moment de partir, Didi s'était mise à pleurer, disant que si notre Ma ne nous avait pas quittés, nous n'aurions pas eu tout ce poids à porter.

— Tu te débarrasses de moi, avait-elle dit à Baba, mais à présent c'est à toi que revient la charge de t'occuper des petits. Ils n'ont plus que toi.

Didi s'en alla donc et nos ennuis commencèrent. Baba n'était jamais à la maison. Parfois, il nous donnait de l'argent et nous disait d'aller nous acheter quelque chose à manger. Mais il n'arrêtait pas de répéter : « Quoi que vous fassiez, n'oubliez pas d'étudier. »

Voilà pourquoi, dans toutes ces épreuves et malgré notre peine, nous n'avons jamais arrêté l'école. J'y avais ma meilleure amie, et sa mère m'invitait souvent, me nourrissait et me proposait même de rester chez eux. Notre maître d'école était également très gentil avec moi. Il me donnait des cahiers et des crayons, et après le départ de Ma, comme nous n'avions pas les moyens de payer des cours particuliers, il a demandé à sa fille de m'aider, gracieusement.

J'aimais l'école autant que je haïssais la maison. Je n'avais jamais envie de rentrer chez moi : personne n'y appréciait mon travail autant que mes maîtres d'école, alors pourquoi aurais-je eu envie de rentrer ? Les journées sans classe s'étiraient à l'infini, Ma et Didi me manquaient terriblement et je ne perdais pas une occasion pour sortir jouer avec mes amis.

J'adorais m'amuser avec eux ! Nous faisions des parties de *kit-kit,* de *lukochori,* de *rumalchuri,* nous sautions à la corde jusqu'à en perdre le souffle et ainsi les heures s'envolaient.

Je ne manquais pas un seul jour d'école, et souvent, les gens ne savaient pas que j'y arrivais le ventre vide. Je craignais trop Baba pour me plaindre parce qu'on n'avait rien à manger. Un jour, une de mes amies vint me chercher pour qu'on fasse le chemin ensemble. Je me préparai rapidement. Mon amie me conseilla d'avaler quelque chose avant de partir et je laissai échapper qu'il n'y avait rien à la maison. Baba m'entendit. Je ne savais pas qu'il était là, sans quoi je n'aurais rien dit. Ce soir-là, en rentrant, il me battit si fort que je ne pus quitter le lit que trois jours plus tard, et attendre bien plus encore avant de pouvoir retourner à l'école. Mes maîtres et mes amies vinrent demander de mes nouvelles.

Quelque temps plus tard, Dada, mon frère aîné, décida qu'il ne pouvait plus vivre avec Baba et partit s'installer chez ma tante. Une fois là-bas, il se rendit compte qu'elle aussi était loin de vivre dans l'aisance et qu'elle réussissait tout juste à joindre les deux bouts. A présent, il n'y avait plus à la maison que Baba, moi et mon jeune frère. Mon oncle pensait que le meilleur moyen de rassembler la famille, c'était que Baba se remarie. Tout d'abord, Baba refusa, mais bientôt il mit cette idée à exécution.

Ma belle-mère n'écoutait jamais ce que mon père disait. Elle ne nous donnait jamais à manger à l'heure, souvent elle nous battait sans raison et inventait des histoires qu'elle allait ensuite raconter à Baba pour qu'il nous batte, lui aussi. Baba n'était pas disposé à nous entendre, et parfois il refusait même de nous regarder. Nous ne pouvions rien y faire. Quand Jetha réalisa ce qui se passait, il appela Baba pour lui expliquer qu'il devait au moins essayer de savoir ce que nous avions fait avant de nous rosser. Après cela, Baba commença à changer. Il se rendit compte que tout ce que notre belle-mère lui disait n'était pas vrai. Mais les choses ne s'arrangèrent pas pour autant. Comme Baba ne supportait plus la situation, il ramena sa femme chez elle : le frère et le père tentèrent de la raisonner, mais quand elle revint chez nous, ce fut du pareil au même. Elle nous nourrissait mal, nous traitait mal. Parfois nous étions obligés de préparer nous-mêmes le repas. Et comme nous étions encore de jeunes enfants, il nous arrivait de nous brûler les mains. Pendant ce temps, Baba avait trouvé un travail qui l'éloignait de la maison deux à trois jours d'affilée, et quand il rentrait, nous lui faisions le récit de nos malheurs, de comment nous étions mal nourris et abandonnés à nous-mêmes.

Ainsi passèrent les jours, les semaines et les mois, et soudain, un jour, Baba annonça qu'il devait partir à Dhanbad pour un entretien pour un emploi de chauffeur. Il avertit Jetha de son départ et ne revint qu'un mois plus tard. Puis il disparut de nouveau pendant plusieurs mois. Il ne nous envoyait pas d'argent et nous étions toujours dans le besoin. Un jour, il réapparut, comme tombé du ciel, et nous emmena, avec ma nouvelle Ma, nous installer à Dhanbad où on lui prêtait un logement. Mon frère et moi fûmes de nouveau envoyés à l'école. Il ne se préoccupait pas de nous acheter livres et cahiers, mais nous faisions de notre mieux. J'aimais l'école et je travaillais dur. C'est peut-être la raison pour laquelle j'y avais tant d'amis. Je ne sais pas trop comment Baba dépensait l'argent qu'il gagnait, mais je sais qu'il buvait, et que cela n'avait fait qu'empirer après le départ de Ma.

Nous étions à Dhanbad depuis quelques jours lorsque Baba trouva un emploi dans une usine à Durgapur. Alors il nous déposa chez une amie qui était pour lui comme une sœur et partit pour Durgapur. Elle nous accueillit comme sa famille, se montra vraiment bonne avec nous, mais quand l'argent que Baba lui avait laissé fut épuisé, elle se retrouva dans l'embarras. Qu'allait-elle faire désormais ? Après réflexion, elle décida que la meilleure solution serait de nous envoyer, mon frère et moi, à notre père, et de renvoyer ma nouvelle Ma chez son frère. Elle prit cette décision au moment de la *puja* de Kali. Cette nuit-là, pour la cérémonie, tout le monde portait de beaux habits tout neufs aux couleurs chatoyantes, il régnait une atmosphère de fête. Sauf pour nous. Mon frère et moi restâmes assis sur le pas de la porte, à regarder et à pleurer.

J'étais vraiment fâchée contre Baba. A cause de lui, nous étions obligés d'entendre toutes sortes de remarques, du genre : « Vous avez des parents, mais c'est comme si vous étiez orphelins… Votre père travaille loin, c'est pour ça que vous êtes dans cette situation… Sans votre mère, vous n'avez plus personne… »

Baba revint quelque temps après la *puja*, au milieu de la nuit. Nous étions tous endormis, mais en entendant sa voix, nous nous réveillâmes en sursaut. Il nous fit venir et nous annonça la bonne nouvelle : notre Ma était revenue, ce qui nous rendit heureux. Je n'avais de cesse de lui demander où elle était, mais il répondit que si nous voulions la voir, nous devions partir avec lui immédiatement. A notre deuxième Ma, il raconta un mensonge. Il lui dit :

— Je pars chez ton père. Prends le train demain matin et rejoins-moi là-bas. Je ne veux pas retarder davantage mes affaires. Il y a aussi des gens à qui je dois de l'argent, ajouta-t-il, et s'ils me voient, ils vont me le réclamer, alors que je n'ai rien sur moi. Donc il vaut mieux partir rapidement.

Ainsi, il lui mentit et nous emmena avec lui. Une fois arrivés à Durgapur, nous découvrîmes que la femme que Baba appelait notre Ma était encore une autre belle-mère. Je dis à mon frère : « Qu'allons-nous devoir supporter de plus ? » Et il se mit à pleurer.

Notre troisième mère fut touchée de le voir en larmes : elle le prit dans ses bras et se mit à le consoler. Je me pris à penser que peut-être celle-ci nous donnerait de l'amour, mais la réalité se révéla tout autre.

Baba interdisait à notre troisième mère de sortir de la maison, et même d'aller à la fontaine. Quand il fallait de l'eau, c'était nous qu'on envoyait. Et nous avions tellement peur de Baba que nous n'osions pas protester. Les voisins avaient pitié de nous, mais ils n'osaient rien dire. La sœur de cette nouvelle mère était une femme très simple et affectueuse. Elle s'occupait bien de nous. Parfois, elle nous emmenait chez elle, mais cela ne plaisait pas à Baba. Elle essaya de dire à sa sœur qu'il fallait mieux nous traiter, mais notre troisième Ma répondit :

— Que puis-je faire ? Je ne fais qu'obéir à leur père.

Nous pensions qu'elle non plus n'aimait pas que sa sœur nous reçoive chez elle.

Quand Baba nous avait emmenés à Durgapur, il n'avait pas dit un mot au sujet de la reprise de nos études. J'avais tellement l'habitude d'aller à l'école qu'une fois toutes les corvées ménagères accomplies, j'y allais quand même avec les enfants du voisinage. Cela ne plaisait pas à Baba. Une fois, une des filles du quartier me vit pleurer au bord de la route. Elle alla prévenir mon père. Il vint me demander pourquoi je pleurais et entre deux sanglots je lui dis que je me languissais de Ma et je lui demandai pourquoi il nous avait menti au sujet de son retour. Cette Ma n'était pas notre vraie mère… Soudain le regard de Baba tomba sur la pièce que je serrais dans ma main : il me demanda ce que c'était. Je fus bien obligée de lui dire que c'était la pièce de dix paisas que Ma m'avait glissée en partant au creux de la main, et chaque fois que je la voyais, elle me rappelait ma mère.

Cela le mit mal à l'aise. Gentiment, il me demanda ce que nous souhaitions, mon frère et moi. Je lui répondis que je voulais étudier. Quelques jours plus tard, Baba m'envoya chez Jetha, où je pourrais habiter et aussi étudier. Mais il n'avait aucune considération pour la santé fragile de mon oncle et ce n'était pas juste de lui imposer ce fardeau. Une fois là-bas, réalisant que je ne pourrais pas continuer mes études, je décidai de me mettre à la recherche de mes anciennes amies. D'abord, j'allai voir Tutul : elle rentrait juste de l'école et fut vraiment contente de me voir. Sa mère, que j'appelais Kakima, m'accueillit chaleureusement et s'affaira à nous préparer un repas. La gentillesse de Kakima me rappelait celle de ma mère et en mangeant je me détendis. Je dis à Kakima que si ma mère avait été là, nous n'aurions pas eu à endurer tout cela, elle nous aurait nourris avec la même attention et le même amour. Kakima dit simplement :

— Oui, mon enfant, mais que faire ? C'est ton destin : ne pas avoir de mère alors que tu en as une.

Après le repas, Tutul et moi nous mîmes à bavarder, puis nous partîmes voir Dolly, une de nos amies. Dolly venait d'une famille brahmane et nos pères se connaissaient. Un jour, le père de Dolly me demanda des nouvelles de mon Baba, et je lui racontai toute notre histoire. Le père de Dolly alla parler au maître, qui me connaissait car j'avais été élève dans son école. Lorsqu'il m'annonça que je pouvais commencer l'école dès le lendemain, je laissai éclater ma joie. Et c'est ainsi que je repris les cours.

Mais un nouveau problème se présenta. Comme je vivais à présent chez Jetha, ma troisième Ma avait beaucoup de mal à faire face à toutes les tâches ménagères. Un jour, Baba et Ma arrivèrent chez l'oncle pour me reprendre. Mon oncle dit que j'allais à l'école et que je travaillais tellement bien qu'il refusait que je m'en aille. Mais Baba insista et dit à mon oncle toutes sortes de choses terribles. A la fin, mon oncle céda, mais sans oublier de les prévenir que, s'ils me rendaient malheureuse, ils ne connaîtraient plus jamais le bonheur.

Ils me ramenèrent donc à la maison et une fois de plus mes études furent interrompues. De jour comme de nuit, je n'avais plus que deux choses en tête : les études et ma mère. J'avais entendu dire que si on se faisait trop de soucis on pouvait en tomber malade, et effectivement, un jour je succombai. Baba m'emmena à l'hôpital mais les médecins ne parvinrent pas à établir un diagnostic. Inquiet, Baba fit venir un autre médecin. Je lui racontai tous mes secrets et il se mit en colère contre mon père et le sermonna.

Progressivement, je me remis. Un matin, alors que j'étais toujours à l'hôpital, je découvris mes draps tachés de sang. Je pris peur et poussai des cris.

L'infirmière qui m'avait entendue accourut pour voir ce qui se passait, mais j'avais si peur que j'étais incapable de parler. C'est alors qu'elle remarqua le drap et me demanda si cela m'était déjà arrivé. Je lui répondis que non, et elle comprit. Quelques personnes s'étaient rassemblées autour de moi, tout sourires. Mes voisines de lit essayèrent de m'expliquer que je n'avais aucune raison de m'inquiéter, que les jeunes filles devaient en passer par là. Le médecin vint me voir pour m'annoncer que j'allais mieux et que je pouvais rentrer chez moi. Je suppliai l'infirmière de m'autoriser à rester quelques jours de plus, mais elle me garantit que si je suivais ses instructions, tout irait bien.

Baba me ramena à la maison. Lorsque Ma me vit, l'émotion voila un instant son regard, avant de disparaître. J'allai prendre un bain et en sortant, je vis Ma qui regardait mes vêtements maculés de sang. Je lui racontai ce qui m'était arrivé à l'hôpital et je pense qu'elle en parla à Baba car, bien qu'il n'ait rien dit, il semblait un peu inquiet. En fait, chaque fois que je lui jetais un coup d'œil, j'avais l'impression qu'il était en train de penser à moi ; mais je n'avais pas le courage de lui demander pourquoi.

J'étais à nouveau tracassée pour l'école. Peut-être Baba savait-il ce que j'avais au fond du cœur bien qu'il n'en dise rien : il savait que Ma ne voudrait pas qu'il lui parle de moi. Son comportement ne cessait de me surprendre : parfois, elle était particulièrement affectueuse avec mon frère et moi, et d'autres fois, nous devenions la cause de tensions et de conflits entre elle et Baba, à tel point que la maison devenait un champ de bataille. Le comportement de Baba avait changé, lui aussi. Il ne me grondait plus si je faisais quelque chose de mal ou une bêtise ; il me disait simplement : « Tu n'es plus une enfant, tu devrais faire plus attention. »

Il me répétait cela sans cesse, jusqu'à ce que je finisse par me demander si je n'étais pas vraiment devenue une jeune fille.

Peu à peu en effet, certains signes commencèrent à m'indiquer que je n'étais plus une enfant. Un jour où je lisais à haute voix, assise sur le *chowki*, je levai les yeux et m'aperçus que Baba avait le regard fixé sur moi. Il écoutait attentivement ma lecture. Lorsqu'il vit que je le regardais, il me demanda si j'avais envie d'aller chez ma tante, que nous appelions Pishima. Je ne répondis pas. Peut-être me trouva-t-il impolie, mais il n'en dit rien. Avant, lorsque je ne lui répondais pas, il me grondait.

Je crois que, comme Baba, le garçon qui vivait à l'hôtel derrière chez nous se rendait compte que je devenais une jeune fille. Chaque fois que j'étais installée à lire, je le voyais m'observer depuis sa fenêtre. Si j'allais chercher de l'eau à la fontaine, il venait vers moi et me dévisageait. Un jour, je remarquai qu'il parlait à mon frère en me montrant du doigt. Je crois qu'il se renseignait sur moi. Et une autre fois, je le vis interroger une des filles avec qui j'avais l'habitude de jouer. Un peu plus tard, elle me demanda :

— Pourquoi ce garçon s'intéresse-t-il à toi ?

Je lui répondis :

— Qu'est-ce que cela a d'étrange ? Ici, tout le monde veut tout savoir sur tout le monde. Mais ne le dis surtout pas à Baba, sinon il va me battre.

Elle continua à sourire de l'air de quelqu'un qui en sait long – et c'est bien pourquoi je lui avais fait cette réponse.

Cette amie s'appelait Krishna. Elle était petite, avec le teint clair et une dent légèrement de travers, mais elle était jolie. Sa sœur Mani était mignonne aussi. Nous prenions des cours toutes les trois ensemble. Je me souviens d'un jour où il n'y avait pas d'électricité ; nous étions assises à étudier à la lumière d'une lampe et, en voulant la déplacer légèrement, j'avais poussé le verre brûlant contre le genou du maître ! J'étais morte de peur ! Je pensais qu'il allait le dire à Baba et que j'étais bonne pour une correction, mais il n'en fit rien. Il garda le silence. Mais si lui n'avait accordé aucune importance à l'incident, Krishna et Mani, elles, se chargeaient de me le rappeler pour se moquer de moi.

Elles avaient dû aussi parler de moi à leur père, car un jour leur père et le mien eurent une longue conversation au sujet de mon frère et moi. Leur père demanda au mien pourquoi il ne permettait pas à ses enfants de rester des enfants :

— Pourquoi les grondes-tu tout le temps ? Pourquoi ne les laisses-tu pas sortir jouer quand ils en ont envie ? Tu es tout le temps après eux… Ce sont encore des enfants, peut-on vraiment leur imposer toutes ces tâches domestiques ? Tu ne crois pas qu'ils aimeraient sortir jouer, comme les autres enfants ? Ta fille te craint tellement que même quand elle est malade, elle n'ose pas te le dire. Et de toute façon, est-ce que ça changerait quelque chose qu'elle te le dise ? Elle connaît parfaitement la réponse. Je n'ai pas raison ?

Le père de Krishna avait raison. En partant, ma mère avait emporté avec elle toute notre joie de vivre. Baba ne me laissait pas porter de bracelets, je n'avais le droit de parler à personne, de jouer avec personne, et souvent même pas celui de quitter la maison. J'avais tellement peur d'être battue que je n'osais sortir jouer que lorsque je savais qu'il n'était pas dans les parages pour m'en empêcher. J'avais seulement onze ou douze ans à l'époque. Et j'étais persuadée que personne ne pouvait être plus malheureux que moi. Je pensais être la seule à savoir ce que c'était que de perdre sa mère. Parfois, quand je pensais à Ma, je me disais que si Baba était parti à sa place ce jour-là, la vie aurait été plus supportable. Après tout, que nous avait-il apporté sinon la peur ? Je me disais que nous étions sûrement les seuls enfants à redouter autant leur père. Son physique ne faisait rien pour arranger les choses : avec son visage empâté, sa carrure massive et ses immenses moustaches, il effrayait tout le monde – même les autres enfants avaient peur de l'approcher !

Je me languissais de ma mère et je me disais que si seulement je pouvais avoir son amour et son soutien, je n'aurais plus peur de Baba. J'étais persuadée que si elle avait été là, je n'aurais pas été obligée d'abandonner mes études : elle tenait tellement à ce que j'étudie. En fait, sans elle, sans sa détermination, je n'aurais jamais aussi bien travaillé à l'école. Ce n'est que maintenant que je réalise à quel point il est important de savoir lire et écrire. S'il y a une chose que ces années d'école m'ont apprise, c'est au moins cela. Ma matière préférée était l'histoire. J'aimais l'étudier et j'y prenais beaucoup de plaisir ; et c'est peut-être aussi pour cela que les professeurs d'histoire m'aimaient bien. Ils nous racontaient les différentes batailles, nous parlaient de la Rani de Jhansi, du Nawab Sirajudowlah, de toutes sortes de rois, reines et nobles. J'ai souvent rêvé de pouvoir rencontrer toutes ces personnes dont j'avais entendu l'histoire. J'aurais aimé leur parler. Et chaque fois que j'étudiais leur histoire, je pensais à ma mère. Je ne sais pas pourquoi, mais c'était comme ça. Peut-être que derrière tout cela, il y avait ces choses que nos voisins racontaient sur nous – la manière dont s'était écroulée une famille unie après le départ d'une seule personne. Ou peut-être que c'était l'histoire de cette Rani Lakshmi Bai – quand elle avait pris son petit garçon avec elle pour s'enfuir à cheval – qui me rappelait le jour où Ma avait pris mon petit frère et nous avait quittés. Mais après je me demandais : pourquoi spéculer ainsi ? L'histoire me rappelle Ma, comme les femmes qui descendent la rue me la rappellent, voilà tout.

Baba aussi continuait à chercher Ma. Chaque fois qu'il rentrait à la maison, nous lui demandions s'il avait des nouvelles. Il disait « non, les enfants », puis poussait un profond soupir. Dans ces moments-là, je me sentais mal pour lui. Je pense qu'il avait fini par comprendre que si elle n'avait pas été ainsi maltraitée, elle ne se serait pas enfuie. Et pourtant, c'était ce même père qui avait semblé si heureux quand notre nouvelle Ma avait fait son entrée à la maison. Mais c'était difficile de savoir s'il était vraiment heureux ou pas.

C'est quelques jours après que le père de Krishna eut parlé au mien, que Baba m'appela pour me demander si je voulais aller chez Pishima. A ce moment-là je laissai sa question sans réponse. Peu de temps après, je l'entendis parler avec ma nouvelle Ma. Ils parlaient de mon mariage. Je n'avais aucune idée précise de ce qu'était le mariage. Je savais seulement que c'était l'occasion de chanter, de danser, que les gens allaient souvent aux mariages et qu'ils s'y amusaient bien.

J'avais une seule Pishima et elle avait beaucoup de tendresse pour moi ; aussi, bien que je n'aie pas réagi lorsque Baba m'avait posé la question, j'étais vraiment ravie qu'il m'envoie chez elle. Mon frère aîné y était déjà – il travaillait dans un grand restaurant. Je passai quelques mois chez Pishima et ce furent pour moi des jours heureux. Tous les soirs, elle nous sortait, sa fille et moi, puis nous racontait des histoires. C'est en l'écoutant qu'un soir je me rappelai une histoire drôle que j'avais apprise de mon amie Dolly. Je me mis à rire et ma cousine me demanda ce qu'il y avait de si drôle, alors je le lui dis et elle insista pour que je leur raconte l'histoire. Et comme cela me faisait plaisir, je leur répondis, « d'accord, alors écoutez » :

Il était une fois un chacal et un chef de village. Le jardin du chef de village regorgeait d'aubergines. Lorsque le chacal aperçut les aubergines, il commença à saliver et se mit à réfléchir au moyen de s'en approcher. Le jardin était protégé par des buissons d'épines. Mais le chacal voulait mettre la main sur les aubergines. Alors il se dit qu'il pourrait prendre de l'élan pour sauter dans le jardin. Au moment où il allait s'élancer, le chef de village se réveilla soudain et le chacal, effrayé, s'enfuit. Après cela, il revint au jardin jour après jour, guettant l'occasion de pouvoir y sauter, mais chaque soir il repartait bredouille. Un jour qu'il passait devant la maison du chef de village, il le vit qui avalait l'une après l'autre les pitha *que sa femme était en train de préparer. Le chacal se cacha pour l'observer, se disant qu'une fois qu'il aurait le ventre plein, il s'assoupirait...*

A ce point de l'histoire, Pishima nous commanda sévèrement d'arrêter de bavarder et d'aller nous coucher. Mais ma cousine (que j'appelais Didi, comme ma sœur) insista pour que je finisse de raconter. Alors je lui dis, « d'accord, écoute » :

Le chacal avait pensé qu'une fois rassasié, le chef s'endormirait profondément. Et c'est exactement ce qui se produisit. Fou de joie, le chacal prit son élan pour atteindre les aubergines et… alla s'écraser sur la clôture d'épines. Non seulement il avait des épines sur les pattes, mais son corps tout entier était transpercé de part en part, et il était étendu au sol, couvert de sang. Au lieu de se délecter des aubergines, il passa la nuit à se retirer les épines du corps. Et le jour suivant, il continua de se cacher du chef de village et de retirer ses épines, mais quoi qu'il fasse, une épine récalcitrante restait plantée dans son oreille. Finalement, n'y tenant plus, il alla jusqu'à la maison et cria :

— Frère, es-tu là ? Es-tu là ?

Et il tambourinait à la porte.

Le chef de village demanda :

— Qui va là à cette heure tardive ?

— C'est moi, frère, le chacal.

— Qu'y a-t-il ? Pourquoi frappes-tu à ma porte ?

Le chacal demanda au chef de village s'il pouvait sortir. Alors le chef de village se montra, et que vit-il ? Le chacal couvert de sang.

— Que t'est-il arrivé, chacal ?

— Ne me demande pas, frère. J'ai essayé d'entrer dans ton jardin pour te voler des aubergines…

Le chef de village était furieux, mais il demanda simplement :

— Et maintenant, pourquoi viens-tu me voir ?

Le chacal lui répondit que son corps était couvert d'épines, qu'il les avait enlevées une à une, mais qu'il en restait une plantée dans son oreille qu'il n'arrivait pas à retirer. Voilà pourquoi il était venu le voir. Le chef de village était furieux que le chacal ait osé pénétrer dans son jardin pour le voler, aussi pensa-t-il qu'il allait donner une leçon à ce gaillard. Et de lui demander :

— Mais si je te coupe l'oreille en retirant l'épine ?

— Pas de problème, répondit le chacal, si tu me coupes l'oreille, au moins ce sera pour la bonne cause.

Alors, au lieu d'ôter l'épine, le chef lui coupa l'oreille : elle se mit à saigner mais le chacal resta coi. Au moment de partir, il dit :

— Frère, tu m'as coupé l'oreille, mais que vas-tu me donner en échange à présent ?

— Je n'ai rien à te donner, mais si tu veux, tu peux prendre cette pioche.

Le chacal prit la pioche et partit.

En chemin, il rencontra un fermier qui creusait la terre à mains nues. Il lui demanda pourquoi il creusait la terre avec ses mains et le fermier lui expliqua qu'il n'avait rien d'autre.

— J'ai cette pioche, dit le chacal, je peux te la donner, mais il te faudra me donner quelque chose en échange.

Le fermier prit la pioche et dit au chacal :

— Je n'ai rien à te donner. Tout ce que j'ai, c'est ce bâton, je l'utilise pour mener paître les vaches. Le veux-tu ?

Et le chacal de répondre :

— Pourquoi pas ? Je le prends.

Arrivée à cette moitié de l'histoire, Didi trouva qu'il se faisait tard et qu'il était temps d'aller dormir, nous finirions l'histoire le lendemain. Je lui demandai si elle se souviendrait de l'endroit où nous l'avions interrompue, elle me répondit que oui. Nous nous endormîmes. Il était tard lorsque nous nous réveillâmes le lendemain matin, sous les réprimandes de Pishima : elle nous gronda d'avoir dormi si tard et nous avertit qu'il nous faudrait nous coucher tôt et ne pas nous perdre en bavardages ce soir-là. Mais le soir même, à peine Pishima fut-elle partie que Didi me dit :

— Allez, maintenant, raconte-moi la fin de l'histoire ! Mais tu dois me la chuchoter pour qu'elle ne sache pas que nous sommes encore réveillées.

Je lui demandai si elle se souvenait où nous avions laissé l'histoire, au moment où le chacal était prêt à prendre le bâton du fermier en échange de la pioche. Elle me répondit :

— Oui, maintenant, raconte-moi la suite.

— D'accord, alors écoute.

Le chacal prit le bâton et poursuivit son chemin. Un peu plus loin, voilà qu'il tomba sur un paysan sans bâton qui partait faire paître sa vache ! Il lui demanda :

— Que fais-tu, frère ?

Le paysan répondit :

— Cette vache mange tout mon grain, c'est pourquoi j'essaie de la chasser.

— Mais comment comptes-tu réussir à mains nues ? J'ai ce bâton, le veux-tu ?

— Pourquoi pas, je le prends.

Alors le chacal le lui donna et il lui demanda :

— Me donneras-tu quelque chose en échange ?

Le paysan répondit :

— Mais si le bâton venait à casser ?

— Eh bien dans ce cas, je dirai qu'il a été utilisé à de bonnes fins.

Le paysan ajouta :

— Mais je n'ai rien à te donner… à part… Attends. J'ai cette petite pelle.

Le chacal répondit :

— D'accord, donne-moi ce que tu as.

Et ce disant, il prit la pelle et continua sa route. Peu de temps après, il rencontra un autre fermier qui creusait la bourbe avec des pinces de cuisine. Lorsque le chacal le vit, il lui demanda si c'était tout ce qu'il avait trouvé pour creuser la terre. Et le fermier de répliquer qu'il n'avait rien d'autre. Alors le chacal lui dit :

— Je peux te donner cette pelle que j'ai là.

Le fermier répondit :

— D'accord, donne-la-moi, mais si elle casse ?

Et à nouveau, le chacal répondit :

— Dans ce cas, je penserai qu'elle a été utilisée à de bonnes fins.

Lorsque le fermier se mit à creuser avec la pelle, elle tomba en miettes. Le chacal dit :

— Hé, frère, pourquoi as-tu cassé ma pelle ? A présent, il va falloir que tu m'en donnes une neuve ou que tu me donnes autre chose en échange.

Le fermier dit :

— Oui, tu as peut-être perdu ta pelle, mais je n'ai que ces pinces à te donner. Je t'en prie, prends-les si tu veux.

Le chacal se saisit des pinces et reprit son chemin. Soudain, il eut faim. Il aperçut une maison au loin et s'en approcha. Assise près du réchaud, une femme remuait du riz avec un bout de bois. Le chacal lui demanda :

— Que fais-tu, petite sœur ? J'ai très faim, donne-moi un peu du riz que tu fais cuire, s'il te plaît.

La femme dit à son mari :

— Regarde-moi ce chacal, le repas n'est pas encore prêt qu'il est déjà là à quémander.

Le chacal se retourna vers l'homme et dit :

— *Elle a raison, mais que faire, je meurs de faim !*

La femme dit :

— *Bon, un peu de patience, le repas est presque prêt.*

Puis ils s'assirent tous trois pour manger. Quand ils eurent fini, le chacal dit :

— *J'ai très bien mangé, mais je n'ai rien d'autre à te donner que cette petite chose.*

L'homme demanda à la voir et le chacal la lui montra et lui dit :

— *Cela ne te servira à rien mais pourrait être utile à ta femme.*

La femme prit volontiers les pinces et le chacal dit :

— *Voilà quelque chose d'utile pour toi, mais moi ? Vais-je devoir repartir les mains vides ?*

Alors la femme répliqua :

— *Mon mari a un tambour, veux-tu le prendre ?*

— *D'accord, je te le prends.*

Il prit le tambour et partit ; il était heureux d'avoir finalement trouvé quelque chose qui lui plaisait.

Et tout le long du chemin, il tapait sur son tambour en chantant :

Je suis allé manger des aubergines
et j'y ai laissé mon oreille,
en échange de mon oreille j'ai reçu une pioche,
tak duma dum dum dum dum
en échange d'une pioche, j'ai eu un bâton,
tak duma dum dum dum dum,
pour un bâton j'ai reçu une petite pelle,
tak duma dum dum dum dum,
j'ai échangé la pelle contre des pinces,
tak duma dum dum dum dum,
et pour les pinces j'ai reçu un tambour,
tak duma dum dum dum dum.
Ainsi chantait-il en rentrant chez lui.

A la fin de l'histoire, vaincue par la fatigue, je m'endormis. Un peu plus tard, je me réveillai et je ne sais pourquoi, à ce moment-là, me revint avec force le souvenir de la pièce que ma mère m'avait glissée au creux de la main le jour où elle avait quitté la maison. Un jour, Pishima m'avait pris cette pièce et l'avait jetée. Ensuite, j'avais remué ciel et terre, sans pour autant la retrouver. J'étais justement en train d'y penser, de me demander pourquoi Pishima avait ainsi fait disparaître l'unique souvenir qui me rattachait à ma mère, quand j'entendis un léger bruit. Je me levai et vis Didi chuchoter avec quelqu'un qui se trouvait hors de la chambre. Puis j'eus l'impression qu'elle partait et un peu plus tard, elle revint s'allonger près de moi. Je regardais par la fenêtre pour essayer de savoir l'heure qu'il était, lorsque je découvris qu'un garçon se tenait là. Il dirigeait la lumière de sa torche vers la chambre et je fermai vite les yeux pour qu'il ne me voie pas éveillée.

Après cela, je ne pus fermer l'œil de la nuit. Au matin, je pensai raconter à Pishima ce qui s'était passé, mais j'avais peur qu'elle me gronde. Que faire ? Après avoir longuement réfléchi, je décidai de me taire. Cependant je mourais d'envie de le dire à quelqu'un, ce secret qui s'agitait au fond de mon cœur. Finalement, n'y tenant plus, je débitai toute l'histoire aux sœurs Sandhya et Ratna qui étaient les voisines de Pishima. Elles me conseillèrent de n'en parler à personne :

— C'est la fille de ta Pishima et elle ne lui dira rien ; elle pourrait au contraire se retourner contre toi, alors tu devrais te méfier. Elle sait que tu n'as personne pour te soutenir et prendre ton parti.

Après les événements de cette nuit-là, je me sentais très déprimée, et j'éprouvai le besoin de m'éloigner quelques jours. Lorsque j'en fis part à Pishima, elle me demanda où je voulais aller. Je lui dis que je pourrais peut-être passer quelques jours chez ma sœur.

— Et si ton père vient te chercher entre-temps ? Qu'est-ce que je vais lui dire ?

Je lui répondis :

— Et alors, il peut tout aussi bien venir me chercher chez sa fille aînée, tu ne crois pas ?

C'est ainsi que Pishima demanda à son fils de m'accompagner chez ma sœur.

Lorsque Didi me vit arriver chez elle, elle se mit à pleurer. Elle ne cessait de répéter qu'elle n'avait pas de mère, qu'elle n'avait plus personne et que chez nous on ne se souciait plus d'elle. Elle donnait l'impression ne pas être heureuse en ménage, mais je me sortis cette idée de l'esprit et pris son petit bébé dans mes bras. Didi dit à l'enfant :

— Regarde, c'est ta tante.

Nous avions su que Didi avait eu un petit garçon, mais Baba n'était pas allé la voir après la naissance de l'enfant et il ne nous avait pas autorisés à y aller non plus. Didi ajouta :

— Si Ma avait été là, elle aurait tout laissé tomber pour venir voir sa fille et son petit-fils.

Nous étions en pleine discussion avec Didi lorsque son mari rentra. En me voyant, il poussa un cri de joie.

— Oh, belle-sœur, je pensais que tu nous avais oubliés !

Son cri rameuta toute la maisonnée et en un rien de temps, nous voilà tous partis à rire, crier et parler en même temps.

Je restai un mois entier chez Didi et le temps passa bien vite. Le beau-frère de Didi me sortait tous les soirs, pour me montrer une chose ou une autre. Didi ne comprenait pas pourquoi nous partions tous les jours :

— Si Baba l'apprend, il ne sera pas content.

Mais personne ne tenait compte de ce qu'elle disait. Le beau-frère de Didi riait, plaisantait, me taquinait sans arrêt et passait beaucoup de temps avec moi. En fait, il me parlait et me suivait jusqu'au moment où j'allais me coucher auprès de sa mère. Parfois, j'en avais assez et les larmes me venaient aux yeux. Mais Didi était toujours gentille avec moi et dans ces moments-là, elle me prenait auprès d'elle. Didi ressemblait un peu à mon père, elle était ronde et potelée, et à une époque mes cousins la taquinaient et l'appelaient l'« éléphant » pour essayer de la faire sortir de ses gonds. Mais même son beau-frère était forcé de cesser ses taquineries quand Didi le réprimandait.

Entre les rires et les plaisanteries avec le mari et le beau-frère de Didi, le temps passait agréablement. Je m'occupais du bébé, je lui donnais le bain, je parlais de Ma avec Didi, nous nous rappelions nos souvenirs de l'époque où nous étions à la maison. Sans que je m'en rende compte, un mois s'était écoulé, et un jour j'appris que Baba, ma nouvelle Ma et mon frère étaient arrivés et qu'ils étaient installés chez Pishima. Ils étaient venus pour se reposer mais également pour me ramener. Didi leur envoya un message pour leur dire qu'ils devaient venir chez elle, qu'elle considérait notre nouvelle Ma comme sa propre mère et que par conséquent Baba ne devait pas hésiter à l'amener avec lui. Deux ou trois jours après ce message, Baba ramena tout le monde chez Didi. Notre beau-frère et toute la maisonnée furent très hospitaliers et les accueillirent chaleureusement. Bien sûr, certains chuchotèrent des commentaires sur notre nouvelle Ma, mais les autres décidèrent de ne pas en faire cas et de les ignorer.

Après ces quelques jours chez Didi, Baba me ramena chez Pishima. Tout le monde était triste de devoir se séparer. Et moi, j'étais triste depuis le jour où j'avais su qu'il venait me chercher ; mais au moment du départ, même Baba avait les yeux remplis de larmes. Didi pleurait aussi, elle disait que ce qui devait lui arriver était déjà arrivé mais que sa sœur ne devait pas connaître le même sort.

Dès notre arrivée chez Pishima, j'appris que sa fille devait se marier huit ou dix jours plus tard. C'était cette même fille à qui j'avais raconté l'histoire du chacal et du fermier, et qui était sortie voir ce garçon que j'avais aperçu à la fenêtre. Ça me faisait plaisir de savoir qu'elle allait se marier, mais j'étais tout de même un peu contrariée de savoir que Baba n'avait pas pris un congé suffisamment long pour assister au mariage, et qu'en plus il voulait que je rentre avec lui. Pishima devina mes pensées et dit à Baba :

— Si tu ne peux pas rester, au moins laisse-moi cette pauvre petite orpheline.

Mais Baba avait arrêté sa décision et il refusa de changer d'avis. Déçue, Pishima lui suggéra d'au moins rendre visite à mon vieil oncle avant son départ. Au moment où Baba semblait sur le point de se laisser fléchir, notre nouvelle mère interrompit la discussion pour dire que cela les retarderait. Finalement, ils nous laissèrent là, mon frère et moi, et partirent.

Pishima était en colère contre Baba, et à peine lui et ma belle-mère eurent-ils tourné les talons que ma tante se mit à nous raconter toutes sortes d'histoires sur lui, des choses dont nous n'avions jamais entendu parler et que, même dans nos rêves les plus fous, nous n'aurions jamais pu imaginer. Et pourtant, elles ne semblaient pas dites sous le coup de la colère. Ainsi, elle nous raconta que Baba avait toujours été rond et dodu, que, même enfant, il mangeait beaucoup et qu'à cause de cela tout le monde l'appelait Nadu Gopal alors que son véritable nom était Upendranath. Il n'avait pas été longtemps à l'école, mais il avait réussi à trouver un bon boulot. Et il l'avait trouvé d'une manière des plus surprenante. Un jour où il travaillait dans la cour devant chez lui, un transport militaire vint à passer ; dans la camionnette, les hommes avaient remarqué l'air sain de ce gaillard, ils l'appelèrent et lui proposèrent de monter avec eux. Peu après, la nouvelle parvint qu'il s'était engagé dans l'armée. Quand il l'apprit, Jetha en fut abasourdi, comme s'il avait perdu son bras droit, et se demanda comment il allait s'en sortir. A l'époque, tout le monde avait peur des emplois dans l'armée, la rumeur colportait que les gens bien y devenaient des voyous : c'est pourquoi ma grand-mère maternelle fut tellement furieuse lorsque mon père, accompagné de son propre père et d'un de leurs amis, arriva chez elle pour rendre visite à celle qui allait devenir notre mère. Mais alors, je voudrais bien savoir : s'il n'avait pas été écrit là-haut que notre mère, Ganga, épouserait Upendranath, qu'est-ce qui se serait passé ?

Dès la première rencontre, Ganga plut à Baba. Un jour, il se rendit tout seul chez elle. On lui dit qu'elle était partie se baigner à la mare. Quand il la trouva, Ganga avait déjà pris son bain et s'apprêtait à rentrer. Son apparition la troubla si fort qu'elle alla aussitôt se cacher : elle avait entendu dire que les militaires étaient des hommes violents et qu'ils battaient les femmes. En tout cas, les efforts de mon futur père restèrent vains : il ne réussit à la voir ni cette fois-là, ni les suivantes. Cette insistance irritait Grandma au plus haut point :

— Ce bonhomme ne laisse pas ma fille tranquille, il la veut vraiment.

Et elle avait raison, bien sûr.

Très vite, les événements prirent un tour plus propice et le mariage eut lieu. Upendranath passa deux ou trois mois avec sa jeune épouse, puis reprit son travail. Il écrivait à sa femme une fois par mois et rentra pour la naissance de Didi. Le jour où il arriva, Grandma lui mit le bébé dans les bras et lui dit :

— Elle te ressemble.

Baba se mit à rire. Ma mère fit la moue et dit d'un ton cassant :

— Regarde-le rire, il est tellement heureux d'avoir une fille, ça l'a fait revenir au galop. Il s'est rappelé qu'il avait une maison et une femme.

Grandma essaya de calmer Ma :

— Il était parti depuis si longtemps, dit-elle, et au lieu de te réjouir de son retour, tout ce que tu trouves à lui dire, ce sont des reproches !

Mais Baba lui répondit :

— Non, ne vous fâchez pas, laissez-la dire ce qu'elle pense.

Et Ma de repartir :

— Pourquoi est-ce que je me tairais ? C'est la première fois qu'il revient depuis notre mariage. Si son travail est tellement important pour lui, pourquoi s'est-il donc marié ?

A ces mots, ma grand-mère, mon oncle et tous les autres éclatèrent de rire. Baba souriait, et bientôt Ma se força à sourire aussi. D'un ton taquin, ma tante lança à Baba :

— Frère, tu ferais bien d'aller consoler ta femme !

Pishima aurait voulu nous en raconter plus, mais à ce moment-là Baba revint. Il annonça qu'il nous emmenait chez Jetha, d'où nous repartirions directement pour la maison. Alors Pishima nous dit au revoir et nous la quittâmes.

Nous passâmes une journée chez Jetha. Il semblait inquiet pour Didi et dit à notre père :

— Tu l'as envoyée vivre sous un autre toit, mais tu n'as jamais pris de ses nouvelles, pour essayer de savoir si elle était heureuse ou pas. Cette pauvre fille, elle n'a plus de mère, et même son père ne se soucie plus d'elle. Va la voir une fois au moins de temps en temps.

Baba répondit qu'il en venait. A ces mots, l'oncle resta silencieux, puis, me désignant du doigt, il dit :

— Ne fais pas la même erreur avec elle, renseigne-toi bien d'abord sur celui que tu lui feras épouser.

Baba le regarda, mais je ne pense pas qu'il comprit vraiment ce que son frère voulait dire.

Le soir, la fille aînée de mon oncle, ma cousine donc, supplia Baba de nous raconter une histoire. Baba en avait un véritable répertoire, il en commença une, et ainsi la moitié de la nuit s'écoula sans que nous nous en rendions compte. De temps en temps, pendant l'histoire, je me disais que les filles de Jetha avaient bien de la chance. Cinq filles, arrivées l'une après l'autre, alors que les parents espéraient chaque fois que ce serait un garçon, et cependant Jetha leur avait donné tellement d'amour ! Et il nous aimait tout autant. Moi aussi j'aimais beaucoup mon oncle. Mon grand-père, que nous appelions Thakurda, était mort quand j'étais encore petite, mais j'avais entendu dire que mon oncle lui ressemblait : il était grand, au teint clair, tout comme mon cousin, le fils tant attendu qui était arrivé après les cinq filles.

Lorsque nous fîmes nos adieux à mon oncle, il avait l'air en bonne santé, mais quelques jours plus tard, nous apprîmes qu'il était tombé malade. Baba et Ma allèrent le voir et le ramenèrent avec eux. Une nuit, nous entendîmes Baba et Ma discuter ; ils disaient que quand ils étaient allés voir Jetha, ils l'avaient trouvé endormi. A cet instant précis, il ressemblait si terriblement à Thakurda que Baba s'était mis à pleurer en le voyant. Mon oncle s'était réveillé et avait dit :

— Ne pleure pas, c'est bien que vous soyez venus, je ne pense pas faire encore long feu. J'ai réussi à marier ma fille aînée, mais il va te falloir prendre la responsabilité de ces petites.

Baba avait répondu :

— Il ne t'arrivera rien. Viens, je t'emmène chez nous.

Baba ramena son frère avec lui à Durgapur et le conduisit à l'hôpital public pour qu'on le soigne. De retour chez nous, une fois remis sur pied, mon oncle reçut la visite de son fils Shiv. Il lui dit qu'il se sentait mieux mais qu'il ne savait pas comment les choses évolueraient. Shiv lui proposa de le ramener chez eux, mais Baba refusa de le laisser partir tant qu'il ne serait pas sûr qu'il était totalement rétabli. C'est ce que l'oncle semblait également souhaiter, mais en secret, Shiv lui dit quelque chose qui réussit à le persuader de rentrer avec lui. L'oncle dit alors à Baba que, vu l'insistance de Shiv, il était préférable qu'il rentre.

Baba lui demanda :

— Mon frère, puisqu'on te soigne ici, est-ce que ce ne serait pas mieux d'attendre jusqu'à la fin de ton traitement ?

Mais mon oncle n'était plus disposé à l'écouter. S'il n'avait pas été le frère de Baba, son départ aurait été bienvenu, car, et ce n'était un secret pour personne, Ma était fort contrariée par les dépenses que sa maladie avait occasionnées : elle s'en était exprimée ouvertement dans la cuisine, un jour où Shiv était assis dehors et pouvait tout entendre.

Jetha partit donc. Une nuit, quelque temps plus tard, je me levai pour aller à la salle de bains. En sortant de la maison, je vis Baba là, seul dans l'obscurité. Je lui demandai doucement :

— Qu'est-ce qu'il y a, Baba ?

Il avait envie de parler, mais se retint :

— Non, rien du tout.

Puis, gentiment, il m'attira vers lui. Je vis ses yeux remplis de larmes. Peut-être, à cause de l'obscurité, ma belle-mère ne remarqua-t-elle pas ses larmes, mais comment aurait-elle pu se méprendre sur la personne qui se tenait dehors, auprès de Baba ? D'ailleurs, je me demandai pourquoi elle ne sortait pas, au lieu de rester à nous épier à travers la fente de la porte. Après cela, Baba et Ma eurent de nombreuses disputes à mon sujet, tellement souvent que la maison tout entière vivait sous tension, et je les entendis dire que plus tôt je serais mariée, mieux cela serait. A cause de ce climat hostile, Baba ne m'approchait plus et dès que je le voyais, je faisais bien attention de garder mes distances. Est-ce que ma belle-mère croyait réellement que moi, une petite fille de douze ans, j'avais des relations anormales avec mon père au point qu'elle devait s'en inquiéter ? Pour moi, l'idée était invraisemblable mais c'était précisément ce que ma belle-mère imaginait et cela me rendait les choses extrêmement difficiles. L'affaire était tellement embarrassante qu'il m'était très pénible d'en parler, ne fût-ce qu'aux voisins.

La tension croissante au cœur de notre foyer m'avait presque fait oublier que, il n'y avait pas si longtemps, j'étais une petite fille qui adorait aller à l'école. Par moments, j'avais le sentiment que, comme ma mère, je ferais mieux de quitter la maison. Mais alors, me demandais-je, où aller ? Je ne me sentais chez moi nulle part. Ainsi les jours passaient. Baba commença à changer sensiblement d'attitude envers moi. Je n'étais plus la prunelle de ses yeux mais plutôt une épine dans sa chair. Il s'irritait pour un rien et cela me fit perdre confiance en moi. Je me demandais si j'agaçais les autres de la même manière.

J'avais cessé de faire attention aux incessantes disputes entre Baba et sa femme, mais la tension qui planait, même après la fin de leurs querelles, avait également un impact sur moi : leurs plaintes continuelles à mon sujet, leurs interrogations sur ce qu'il fallait faire de cette fillette, la façon de s'en séparer... tout cela faisait que je me sentais mal et que souvent je sortais pour pleurer. Un jour, n'y tenant plus, je demandai à Baba de me laisser retourner chez Pishima.

— Mais tu en viens, pourquoi veux-tu repartir là-bas ? Que vont-ils penser ?

Plus j'insistais, plus Baba et Ma unissaient leurs forces contre moi. Mais je ne voulais pas abandonner aussi facilement et je me braquai, aussi finirent-ils par céder. Peut-être Baba pensait-il que c'était le seul moyen de détendre l'atmosphère. J'avais sûrement raison d'ailleurs, car il me suggéra de raconter à Pishima tout ce qui m'arrivait :

— Elle pourra peut-être faire quelque chose pour toi.

Dès le lendemain, Baba m'acheta un ticket et me mit dans le bus pour aller chez Pishima. J'en descendis quelques heures plus tard et j'allai tout d'abord à l'échoppe du fils de Pishima qui se trouvait sur le chemin. Je lui dis que j'avais très faim et lui demandai quelque chose à manger. Cela l'inquiéta de me voir là et il me dit :

— Qu'est-ce qu'il y a ? Pourquoi es-tu là toute seule ? Tout va bien à la maison ?

Sa voix était pleine d'anxiété. Je lui répondis :

— Laisse-moi manger d'abord, je te raconterai après, je meurs de faim.

Alors, il m'emmena dans une pâtisserie, m'installa sur un banc et je me gavai de sucreries.

Puis il m'accompagna à la maison, où j'appris que la cousine à qui j'avais raconté mon histoire – et qui aurait dû être mariée – était toujours célibataire. Pendant que nous parlions, tout à coup Pishima surgit, stupéfaite de me voir là. A ses questions, je lui racontai, dans un flot ininterrompu, les disputes entre Baba et Ma et la tension à la maison. En m'écoutant, les larmes lui vinrent aux yeux.

— Tu as bien fait, dit-elle, tu vas rester chez nous maintenant. Dans quelques jours, des gens viennent voir ta cousine en vue d'un mariage, et il va falloir que Bhabi leur prépare les repas. Tu vas rester l'aider.

Nous passâmes une grande partie de la nuit à parler, Didi et moi. Je lui annonçai que sa future famille et son futur époux étaient des gens très gentils. Elle me demanda comment je le savais et je lui dis que je tirais l'information d'une conversation surprise entre Pishima et la mère de Sandhya, dans laquelle les deux femmes affirmaient qu'ils formeraient un beau couple. Cela fit rougir Didi :

— Bon, ça suffit, dormons maintenant, il est tard.

Quand on se couche tard, on se lève tard. Mais qui aurait pu l'expliquer à Pishima ? Elle avait pour habitude de se lever tôt et de faire griller ce riz plat qu'on appelle *mudi*, et nous étions chargées de lui apporter tous les ingrédients dont elle avait besoin. Elle nous appelait pour nous réveiller, mais nous, nous continuions à dormir, puis, après plusieurs appels, nous nous levions, accomplissions nos tâches et retournions dormir. Mais, soupçonnant que nous repartions nous coucher, elle nous appelait à nouveau pendant que le *mudi* grillait pour s'assurer que nous ne nous étions pas rendormies. Quand nous ne répondions pas, elle s'énervait et nous criait :

— Ces bonnes à rien se sont rendormies !

Et nous finissions par sauter du lit pour exécuter ses ordres !

Ainsi donc elle réussissait à nous faire lever, mais ne nous disait jamais ce que nous étions censées faire de toute la journée. Didi avait l'habitude, mais moi j'avais passé quelques années à l'école et je trouvais pénible de rester sans rien faire. Me voyant traîner à la maison, les invités de Pishima la questionnèrent à mon sujet, et lorsqu'elle leur apprit que j'étais la fille de Nadu, ils eurent du mal à croire qu'une si jeune fille ait pu grandir si vite.

— Cette fillette ? Mais elle s'est transformée en jeune fille !

J'aimais bien les écouter bavarder, surtout ceux qui venaient de Murshidabad, parce que leur manière de parler était très agréable.

Les gens qui étaient venus voir Didi étaient également de Murshidabad, ils avaient cette même façon mélodieuse de s'exprimer, et j'étais aux petits soins pour eux. La belle-fille de Pishima préparait la nourriture et ma tâche consistait à servir le thé et les repas, ce que du reste je faisais avec plaisir, courant à droite et à gauche dans ma petite robe ; j'entendis des gens demander qui était cette fillette énergique qui travaillait si dur. Pishima, comprenant immédiatement le sens de cette question en apparence innocente, leur répondit que j'étais la fille d'un homme qui avait un bon travail et qu'il était fort peu probable que mon père laisse sa fille épouser un vieux.

Après le départ des invités, je pris conscience de ma fatigue. Je sortis et m'assis, dos contre le mur, jambes étendues devant moi. J'aimais bien m'asseoir comme ça. Je pensais à tous ces gens qui avaient fait l'éloge de mon travail : qu'auraient-ils dit s'ils avaient su que Baby, malgré son jeune âge, n'avait guère connu dans sa vie autre chose que les dures corvées domestiques ?

Pauvre Baby ! Que dire d'autre ? Son enfance a été si brève qu'assise contre ce mur, il lui suffirait de quelques minutes à peine pour en faire le tour ! Et cependant, cette enfance fascine Baby. Peut-être que chacun d'entre nous est fasciné par ce dont il a été privé, ce dont il rêve. Baby se rappelle son enfance, en savoure chaque instant, le lèche, le sent avec la langue, à la manière de la vache qui lèche tendrement son nouveau-né sous tous ses plis. Dans sa rêverie, ses parents apparaissent, avec leurs histoires du Jammu et Cachemire où elle est née. A sa naissance, elle n'arrivait pas à ouvrir les yeux parce qu'elle était née deux mois avant terme. La veille de l'accouchement, son père avait laissé sa mère à l'hôpital avant de partir à la guerre, et il y avait reçu une balle. Comment aurait-il pu en être autrement ? Son esprit était resté auprès de sa femme qui allait accoucher.

Après le Cachemire, il y avait eu quelques jours à Dalhousie. Là, Baba emmenait parfois les enfants pour une promenade du soir. La nuit était si noire sur les routes qu'ils n'y voyaient rien. Sur ces chaussées sombres, les voitures roulaient en silence, et ils ne prenaient conscience de leur présence qu'au moment où les phares jaillissaient. Ils se promenaient et rentraient à la maison, transis, puis s'asseyaient en cercle devant l'unique radiateur pour essayer de trouver un peu de chaleur. Ma leur recommandait de se mettre de l'huile de moutarde sur les mains avant d'aller au lit et finalement elle le faisait à leur place. Au réveil, il faisait encore noir et froid, et ils avaient du mal à savoir quelle heure il était.

La maison était située plutôt dans les hauteurs, mais on apercevait plus haut encore la cime des montagnes. Les routes qui traversaient ces montagnes ressemblaient à des petits rubans fins, et les voitures qui les parcouraient, à des jouets. Où trouver un endroit d'une telle beauté ? Baby se souvenait et se demandait si le destin lui permettrait d'y retourner un jour.

Je sais parfaitement ce que l'avenir réservait à Baby. Baba avait demandé à Pishima d'arranger un mariage pour elle, mais après son départ, il avait dû convenir avec sa belle-mère qu'ils avaient du mal à s'en sortir sans son aide et ils avaient décidé de la faire revenir. Baby se demandait pour quelle raison importante sa présence était requise, car après tout, il n'y avait aucune corvée que quelqu'un d'autre ne pût faire. Mais après coup, elle se souvint d'une chose pour laquelle sa présence était essentielle et cela la fit sourire. La belle-mère de Baby gardait la tête couverte jour et nuit et ne se rendait jamais seule dans les champs pour faire ses besoins. Pour Baba, il n'était pas question de l'accompagner, aussi c'était à Baby que revenait ce devoir ! Je trouve cela très embarrassant d'en parler, mais, bref, ils avaient décidé qu'ils voulaient reprendre Baby et c'est ce qu'ils firent : un beau jour, ils arrivèrent chez Pishima.

Je devais être rentrée à la maison depuis un ou deux mois quand Mama, le frère de ma belle-mère, arriva un jour, accompagné d'un homme. Ma me demanda de leur préparer du thé, puis elle me rejoignit dans la cuisine et me demanda de le leur servir. J'obéis. Ma me pria ensuite de m'asseoir, ce que je fis. Et l'homme se mit à me poser des questions :

— Comment t'appelles-tu ? Comment s'appelle ton père ? Est-ce que tu sais coudre ? Faire la cuisine ? Sais-tu lire et écrire ?

J'étais si nerveuse que j'avais du mal à répondre et, innocemment, je me disais que ce questionnaire devait avoir une raison d'être. A l'époque, je n'aurais pu imaginer que c'était à un homme comme lui qu'on allait me marier. J'avais à peine plus de douze ans et lui en avait vingt-six !

Une fois qu'ils eurent mangé et bu, Ma disparut avec l'homme. Je sortis jouer et une amie vint me rejoindre, riant et se moquant de moi :

— Alors, dit-elle, c'est toi qu'ils sont venus voir, non ?

J'étais interloquée. Puis je lui répondis en riant :

— Et alors ? C'est très bien de se marier, au moins je ferai un bon repas.

Elle se mit à rire à son tour :

— C'est ce que tu penses ? Que tu vas te marier et qu'on fera une fête en ton honneur ?

— Oui, répondis-je, n'as-tu pas remarqué comme les gens mangent bien aux mariages ?

Mon amie continuait à me regarder bizarrement en riant. Ça ne me gênait pas. Après tout, beaucoup de gens me trouvaient un peu bizarre, parce que je ne parlais pas à grand monde, et qu'ils ne me parlaient pas non plus.

Quelques jours plus tard, l'homme qui était venu avec Ma revint en compagnie de deux autres. J'étais en train de jouer dehors, dans ma petite robe. Ma belle-mère m'ordonna de rentrer. Je me demandais pourquoi ces gens étaient revenus, ce qu'ils voulaient. Désignant l'un d'entre eux, mon frère dit :

— Regarde, cet homme va devenir notre Jamai Babu, notre beau-frère.

Alors, je me tournai vers ma belle-mère pour lui demander :

— Ma, c'est vrai, il va devenir notre beau-frère ?

A ces mots, mon père, ma belle-mère et mon frère éclatèrent de rire.

— Tu seras donc toujours aussi sotte, s'exclama mon père, je ne sais pas ce que l'avenir te réserve ! Quand vas-tu avoir un peu de plomb dans la cervelle ?

Je sentais que Baba n'était pas content de moi.

Je n'ai jamais pu supporter de voir mon Baba malheureux. Dès qu'il était triste, dès qu'il versait des larmes, je me mettais à pleurer aussi. Je me souviens d'un jour où ma sœur Didi avait frappé mon frère, mon père l'avait arrêtée et lui avait dit :

— Ne le frappe pas, mon enfant, à présent il n'a plus que toi.

Et ce disant, il s'était mis à pleurer, puis Didi et moi avions aussi éclaté en sanglots.

Je suppose qu'il n'y avait aucun mal à ce que Baba me trouve sotte devant ces gens. Je n'avais pu répondre à aucune des questions qu'ils m'avaient posées, j'avais la langue liée par la peur et la honte. Alors Baba leur avait répondu, ou du moins, il leur avait donné des réponses évasives. Quand ils s'étaient renseignés sur mes frères et sœurs, par exemple, Baba n'avait même pas fait allusion au frère que Ma avait emmené avec elle quand elle était partie.

Après leur départ, je repensai à tout ça… toutes ces questions que Baba avait laissées sans réponse. Je me disais : s'il n'a même pas mentionné mon petit frère, pourquoi leur aurait-il parlé de la balafre qu'il s'est faite au front en jouant ? Un jour, j'étais encore au CE1, mon petit frère avait insisté pour venir à l'école avec moi et Ma m'avait demandé de l'emmener. Sur le chemin, il y avait une fontaine, il me dit qu'il voulait boire et nous allâmes au robinet. Tout à coup, il glissa, tomba et s'ouvrit le front. Il saignait abondamment. J'avais tellement peur que je me mis à pleurer à gros sanglots, puis je protégeai sa blessure avec mon foulard et nous rentrâmes à la maison cahin-caha. Baba n'était pas là mais Ma se précipita à l'hôpital avec mon frère. Je ne pris même pas le temps de me laver les mains et c'est dans cet état que je repartis à l'école en courant. Mais quand les autres virent mes mains tachées de sang, ils le dirent au maître et je fus renvoyée à la maison. Sur le chemin du retour, je rencontrai Dhananjay Kaku, un ami de Baba, qui savait ce qui venait d'arriver – je pense qu'il avait rencontré Ma. Dhananjay Kaku était un homme bon, il appartenait à la caste des potiers, et il avait toujours un mot gentil pour nous. Il habitait près de l'école et souvent, pendant la récréation, nous allions voir son père au tour de potier : nous étions fascinés par le mouvement de la roue et la manière dont son père modelait si adroitement la terre. Nous ne comprenions pas comment, en un clin d'œil à peine, un morceau de terre pouvait se transformer en une poterie joliment façonnée.

Les invités avaient également posé des questions sur ma sœur Didi. Et tout ce que Baba leur avait répondu, c'était qu'elle était mariée et vivait dans sa belle-famille. Je ne pouvais m'empêcher de penser que si je n'avais pas eu si peur de parler, j'aurais pu leur en raconter sur Didi ! Pour son mariage, j'avais invité mes amies Dolly et Tutul, et nous avions passé notre temps à manger et à boire jusqu'à ce que le grand-père de Dolly vienne la chercher ainsi que Tutul, qui n'habitait pas loin. Le père de Dolly était un ami de mon père et ils passaient souvent du temps ensemble. Il y avait aussi un orchestre au mariage de Didi, et son mari avait invité près de sept cents personnes avec le *baraat*. Nous n'attendions pas autant de monde, mais nous nous étions débrouillés. Baba venait de prendre sa retraite et l'argent qui lui restait de la pension était tombé à pic pour nourrir tous les invités. Et il avait gaspillé ce qui restait au jeu ou à rechercher ma mère. Il avait aussi fait faire des bijoux pour Didi et je me souviens qu'elle lui avait demandé pourquoi il dépensait autant d'argent.

— Que va penser ma sœur si tu dépenses tout l'argent pour moi ? lui avait-elle dit.

Et elle avait ajouté que s'il ne faisait pas faire des bijoux pour moi, elle ne porterait pas les siens. Alors il m'avait fait faire des petites boucles d'oreilles, et d'autres babioles comme ça. Didi insista pour que je les porte – tout le monde me trouvait si jolie !

Un jour, peu après le mariage de Didi, j'étais en visite chez Pishima et en me brossant, une de mes boucles d'oreilles se prit dans mes cheveux et se cassa. Ma belle-mère me demanda de lui donner mes bijoux pour les faire refaçonner, et je les lui passai. Mais pendant longtemps, je n'en vis plus la couleur. Personne n'en dit mot et même lorsque j'interrogeai mes parents, je ne reçus aucune réponse. Pourtant bientôt, tandis que la disparition de mes bijoux demeurait un mystère, je remarquai que ma belle-mère portait de nouvelles boucles d'oreilles. Si je m'aventurais à évoquer mes pendants, on me répondait qu'ils étaient à l'atelier de réparation. Finalement, je n'en entendis plus parler du tout…

Ma belle-mère et mon père avaient fait un mariage d'amour, qu'ils avaient célébré au temple de Kali. Tous deux buvaient. Au début, ils buvaient quand nous n'étions pas dans les parages. Mais peu à peu ils perdirent cette discrétion et souvent, ils s'abandonnaient à l'ivresse devant nous. Cela ne nous plaisait pas et nous essayions désespérément de le leur faire comprendre, mais pour eux cela n'avait aucune importance. Ils buvaient quand ils en avaient envie et écoutaient ce qu'ils voulaient bien entendre. Curieusement, c'est nous qui avons fini par avoir honte, par nous faire tout petits et éviter de croiser leur chemin ! Nous ne savions absolument pas quoi faire. Baba et ma belle-mère étaient encore amoureux même après leur mariage. Chaque jour, c'était la même dispute au moment de se mettre à table : si l'un ne mangeait pas, l'autre refusait également de manger. Ils s'étaient donné des petits noms. Elle disait :

— Mana, commence à manger.

Et lui, il répondait :

— Non, Rani, commence, toi.

Et s'il advenait que Baba se mette en colère et, refusant de manger, d'un pas lourd reparte au travail, elle n'avalait rien non plus.

Et cela continua ainsi. Avant de m'en rendre compte, j'eus douze ans et onze mois. Un jour je vis Baba et ma tante Mami rentrer du marché avec des sacs remplis de légumes. Ils me les donnèrent à vider, ce que je fis avec soin. A un moment, mon regard tomba sur une valise posée tout près. Je demandai à Baba ce que c'était et il me répondit que c'étaient des choses pour mon mariage. Ma belle-mère et Mami ouvrirent la valise pour me montrer tout ce qu'il y avait à l'intérieur : j'étais si heureuse d'en voir le merveilleux contenu ! Puis, quelques jours plus tard, Baba m'apporta un nouvel édredon, un matelas et un oreiller, ce qui me réjouit plus encore ! Devant la maison, des gens avaient dressé une espèce de tente et monté un grand *chulah* sur briques. Tout le voisinage résonnait de musique. J'étais là à regarder et à jouer avec mes amies dans la cour quand Mami me fit venir et me pria de m'asseoir sur un tabouret. J'obéis. Ma belle-mère se mit alors à m'enduire le corps de *turmeric*, puis d'autres femmes entrèrent se joindre à nous. On m'informa que je ne pourrais pas manger ce jour-là car je devais jeûner. Je fus surprise : jusque-là, je pensais que les jeûnes étaient observés seulement pendant les fêtes religieuses, mais ce n'était donc pas le cas ?

Quand elle y repense aujourd'hui, Baby se demande comment elle a pu vivre cette pénible journée dans une telle gaieté. Elle ne pouvait imaginer qu'elle allait connaître la douleur et la peine, elle ne savait pas ce que l'avenir lui réservait. C'est ainsi qu'un mercredi, le dix-septième jour du mois d'*Agrahayan*, Baby se retrouva mariée.

Le mercredi soir, j'étais mariée. Mais je passai cette nuit-là à discuter avec mes amies, des filles du village et une femme plus âgée. Le lendemain, Ma m'annonça qu'elle ne pouvait pas me laisser partir car le jour n'était pas de bon augure. La journée se passa donc comme à l'ordinaire, sans que je m'en rende compte, tout absorbée que j'étais par mes tâches ménagères. De temps à autre, je chantais, je sautillais ou je jouais. Personne n'eut les larmes aux yeux ce jour-là : ni ma mère, ni moi. J'étais insouciante et heureuse, je riais sans cesse. Dans l'après-midi, après mon bain, je préparai une robe pour m'habiller ; en me voyant, ma tante Mami se mit à rire :

— Non, non, pas ça, mets un sari.

Je ne savais pas le draper – j'en avais porté un pour la première fois le jour de mon mariage. Alors je demandai à ma tante si elle voulait bien m'aider, et elle accepta.

Le vendredi, une des voisines vint me préparer. Elle nous avait déjà aidés, mon mari et moi, le jour du mariage. Puis on appela un taxi dans lequel mon époux et moi prîmes place. Je ne savais ni où nous allions, ni pourquoi. Quand je fus installée, ma tante s'approcha de moi et déposa une poignée de riz et de *dal* dans mon *aanchal,* en murmurant que je devais les donner à ma mère et lui dire : « Ma, ceci te remboursera pour chaque jour où tu m'as nourrie, habillée et choyée. » Je fis ce qu'elle me demandait, mais remarquai les larmes que versait mon Baba. Je le regardai et fondis en larmes à mon tour ; il éclata alors en sanglots. Ruisselant de larmes, il saisit la main de mon mari et lui dit :

— Mon fils, je t'ai donné ma fille, veille sur elle, c'est à présent ton devoir. Elle est orpheline de mère.

Le taxi se mit en route. La maison de mon mari n'était pas très loin de chez nous, le trajet ne coûta que trois roupies. Lorsque le taxi arriva, une voisine s'approcha, me prit la main et m'aida à en sortir. Puis elle me conduisit dans ma nouvelle demeure. Les gens s'attroupaient, m'offraient des douceurs, me suppliaient de manger, mais j'étais tellement terrorisée que je n'arrivais même pas à ouvrir la bouche ! Mon oncle et ma tante eurent beau insister à leur tour, je refusai d'avaler quoi que ce soit. Je ne pouvais rien faire d'autre que regarder les gens rassemblés là. Plus tard, dans l'après-midi, une des femmes vint m'habiller et m'appliquer des tonnes de *sindhoor* sur la tête. J'étais tranquillement assise dans un coin. Les gens se pressaient pour apercevoir la jeune mariée et je m'étais couvert la tête, selon les instructions de Mami. Ils vinrent me voir et m'offrir de l'argent, des ustensiles et d'autres cadeaux. Puis ils s'installèrent pour manger et lorsqu'ils eurent fini, on entendit dehors demander qu'on fasse sortir la mariée. Une femme me prit par la main et m'accompagna à l'extérieur, où tout le monde était assis. Elle me tendit un plateau rempli de friandises :

— Prends ça et offres-en à tous. Mets-en deux sur chaque feuille de *pattal.*

J'étais très nerveuse, mes mains tremblaient tellement que lorsque je voulais servir une assiette, la friandise tombait à côté ! Je ne savais plus quoi faire : m'assurer que ma tête restait couverte quand la pointe du sari glissait, ou continuer de servir les sucreries ?

Pendant tout ce temps-là, la recommandation de Mami résonnait dans ma tête : « Garde la tête couverte à tout prix ! » Contrariée, je posai le plateau avec colère et commençai à arranger sur ma tête le *pallu* de mon sari, ce qui provoqua un rire général. J'étais mortifiée. J'aurais voulu que le sol s'ouvre et m'engloutisse ! Je laissai là le tout et me précipitai dans la maison où je fondis en larmes. Entre-temps, les gens s'étaient mis à taquiner mon mari :

— Alors, Shankar, tu as ramené à la maison une bien petite fille ! Que vas-tu faire d'une si jeune épouse ?

Puis la femme qui m'avait fait sortir revint, et à nouveau elle me prit la main et me dit :

— Viens, aujourd'hui c'est le *bahu baat*, et donc la nouvelle *bahu* doit servir tout le monde.

Alors je ressortis et cette fois, réussis à servir tout le monde. J'avais l'impression que des tremblements me parcouraient le corps. Lorsque tout le monde eut fini de manger, ce fut au tour de mon mari ; puis quand il eut terminé, Mami me dit que je devais manger dans son assiette. Je commençai par refuser en disant que je préférais manger avec elle et avec Ma, mais Ma me gronda :

— Nous ne serons pas toujours là avec toi. Ta place est ici maintenant. Calme-toi et mange.

Après le repas, Ma, Mami et mon frère s'en allèrent.

J'étais maintenant seule avec mon mari. Je ne le quittais pas des yeux, me demandant ce qu'il allait faire, mais il ne dit pas un mot. Je continuai à l'observer tranquillement. Il passa un moment à faire une chose, puis une autre, à accomplir différentes petites besognes dans la pièce, puis il étendit une natte sur le *chowki* et me signifia que c'était l'endroit où je devrais me coucher. Je m'allongeai et m'endormis immédiatement. Pendant la nuit, je me réveillai en sursaut et trouvai mon mari étendu près de moi ! Effrayée, je m'assis et posai plus loin une petite natte au sol où je me recouchai.

Quand je me réveillai le lendemain matin, je découvris que la maison de mon mari se trouvait près d'une route goudronnée et que le toit était recouvert de tuiles. La location coûtait cent roupies : je l'avais appris par la femme qui m'avait aidée à sortir du taxi. Elle se prénommait Sandhya. Mon mari appelait son époux Dada, « grand frère ». Sandhya m'appelait « petite sœur » et je lui donnais du Didi, « grande sœur ». Ils vivaient de l'autre côté de la route. Chez eux, ils avaient un robinet où j'allais m'approvisionner en eau. Comme nous n'en avions pas chez nous, nous devions aller chez eux même pour les toilettes. Sandhya me conseilla de considérer son mari comme un beau-frère :

— Ton mari l'appelle Dada, et il faudra que tu te couvres la tête en sa présence.

Son mari était attentionné avec moi et s'empressait de s'éloigner si je me trouvais trop près de lui. Il avait une machine pour traiter le fourrage : il l'achetait au marché, le hachait à la maison et le revendait ensuite. Les journées passaient assez vite, à bavarder avec Sandhya, à regarder hacher le *chara*, mais dès la

tombée de la nuit, l'appréhension et la peur m'enva-
hissaient. Mon cœur se mettait à battre désespérément.
Je dormais sur le même tapis que mon mari, mais tour-
nais la tête de l'autre côté. Trois ou quatre jours passèrent ainsi quand une nuit, soudain, il m'attrapa et
m'attira brutalement à lui. Il posa sa main sur ma poitrine et me dit d'une voix douce qu'il ne pouvait plus
continuer à vivre comme ça, qu'il n'en pouvait plus.
Tout en parlant, il se mit à presser son corps contre le
mien. De peur, je me mis à crier. Puis je me dis : « A
quoi bon ? Je vais juste réussir à réveiller tout le
monde. » Alors je fermai bien fort les yeux et la bouche,
et le laissai faire. Je ne fis rien d'autre que subir.

Le lendemain j'allai voir Sandhya qui, après
m'avoir jeté un regard, me demanda ce qui n'allait pas.
« Que s'est-il passé ? » me dit-elle. Après un silence, je
lui annonçai que je voulais retourner chez mon père.
Puis je rentrai chez moi et préparai le feu pour faire la
cuisine. C'est à ce moment-là que je levai les yeux :
mon frère descendait la route qui menait chez nous. Il
n'était pas encore entré que je lui annonçais :

— Je repars avec toi !

— Pourquoi ? me demanda-t-il. Où est mon
beau-frère ?

Je lui répondis qu'il était à l'intérieur. Mon frère
entra et demanda à mon mari :

— Alors, beau-frère, que se passe-t-il ? Qu'est-ce
qui arrive à Baby ?

Shankar se mit à rire et dit :

— Rien du tout. Ta sœur s'imagine être encore
une petite fille.

A ces mots, mon frère tourna les talons et repartit
chez nous, tout seul. Une fois là-bas, Baba lui
demanda :

— Tu es allé voir Baby ?

Et il lui répondit :

— Oui, et elle est très malheureuse, quand elle m'a vu, elle a éclaté en sanglots.

Ma et Baba étaient si inquiets qu'ils n'attendirent pas : le jour même, ils déboulèrent chez nous. Baba demanda à Shankar :

— On m'a dit que Baby pleurait, mon fils. Que s'est-il passé ?

Mais Shankar ne répondit rien. Je dis :

— Baba, je ne veux pas rester ici.

— Très bien, alors pourquoi ne viendriez-vous pas passer quelque temps à la maison ? proposa Baba.

C'est ainsi que nous partîmes avec eux. Chez Baba, on fit grand cas de mon mari, le nouveau gendre. On lui prépara toutes sortes de plats délicieux. Quant à moi, tout le monde m'expliquait ce qu'il fallait que je comprenne : je n'étais plus une enfant.

Deux jours passèrent, il fallait partir. Mais je recommençai à faire des caprices, à dire que je ne voulais pas rentrer. Ma se fâcha contre moi et je me mis à réfléchir : après tout, peut-être valait-il mieux que je retourne dans ma maison. Chez mon Baba, j'étais forcée de faire tout le travail et, en retour, je n'en recevais pas la moindre gratitude. Chez mon mari, ce n'était pas pareil : je pouvais travailler comme je l'entendais et je n'avais personne sur le dos pour me critiquer. Je pouvais cuisiner ce que je voulais, quand je voulais, et si j'avais besoin de quelque chose pour la maison, il suffisait que je le lui demande. Quand j'avais un peu de temps, je traversais la route pour aller voir Sandhya. Elle avait trois fils et j'étais parfois très tentée de les rejoindre pour jouer avec eux. Je le fis quelques fois – ces fois-là, je redevenais l'ancienne Baby, et nous riions, nous jouions, j'étais complice de leurs rires et de leurs jeux. Sandhya et son mari nous regardaient et souvent, ils riaient de me voir ainsi. Je ne comprenais pas ce qu'il y avait de si drôle. Lorsque je le lui demandai, Sandhya me répondit :

— Ce qui nous fait rire, c'est que tu n'es toujours qu'une enfant.

J'étais très embarrassée de me l'entendre dire, mais au fond, je savais que c'était vrai. Désormais, je n'étais plus une petite fille, mais une femme, et je n'avais jamais vu de femme sauter et jouer ainsi.

J'avais quitté la maison de Baba depuis deux mois environ quand soudain je commençai à me sentir mal. Plusieurs jours durant j'eus envie de vomir. Je n'arrivais plus à manger, je ne gardais rien. Un jour Sandhya me demanda si j'avais eu mes règles du mois. Je lui répondis que je ne les avais eues qu'une fois depuis mon mariage. Alors, elle alla parler à mon mari et lui conseilla de m'emmener passer une visite médicale. Mais comme il n'y prêta aucune attention, elle décida de m'accompagner elle-même et nous nous rendîmes toutes deux à l'hôpital public. Nous fûmes envoyées d'une personne à l'autre pour finir par nous entendre dire que les consultations prénatales avaient lieu le vendredi et le mardi. Déçues, nous repartîmes ce jour-là et revînmes le vendredi suivant. A l'arrivée, on me fit remplir un formulaire, et lorsqu'on m'appela, je fus reçue dans la salle de consultation par une femme médecin. Je restai plantée devant elle comme une sourde-muette. Elle me posa un tas de questions, mais aucun mot ne sortait de ma bouche. Alors elle me demanda si j'étais venue accompagnée, et quand je lui répondis que j'étais venue avec Didi, elle me pria de l'inviter à nous rejoindre.

Elle interrogea Sandhya à mon sujet, puis se tourna vers moi et me demanda de m'allonger sur le lit. Je m'exécutai et elle commença à m'examiner. Elle mit sa main entre mes jambes pour me palper l'intérieur, se retourna vers Sandhya et lui annonça que j'étais enceinte. Je m'assis, tressaillante, muette de peur, provoquant le rire de Sandhya. En rentrant à la maison, je ne trouvai rien à dire à mon mari, mais Sandhya lui dit :

— Ecoute, c'est bien ce que je pensais, ce que j'imaginais s'est produit.

— De quoi parles-tu ?

— Eh bien d'abord, tu vas devoir offrir des friandises à tout le monde ! dit-elle.

Puis elle lui annonça, ainsi qu'à son mari, ce que le médecin avait dit. C'est par le rire que leur joie s'exprima. Deux jours plus tard, lorsque Baba et Ma vinrent me rendre visite, Sandhya leur annonça également la nouvelle. En riant, Ma dit à Baba :

— As-tu entendu cela ? Nous allons avoir un petit invité à la maison !

Mais je ne trouvai pas à Baba l'air très heureux. Au bout de deux jours, alors qu'ils s'apprêtaient à retourner chez eux, j'entendis Baba parler avec Ma :

— Ecoute, Rani, dit-il, est-ce que ce n'est pas dangereux d'avoir un enfant aussi jeune ?

Ma belle-mère n'avait pas d'enfants à elle, mais d'après les informations glanées çà et là, elle avait son idée sur le sujet, aussi le rassura-t-elle :

— Mais non, tout ira bien.

Après le départ de Baba et Ma, j'allai chercher de l'eau. Tout à coup je vis le mari de Sandhya en face de moi. Je n'y fis pas particulièrement attention jusqu'au moment où j'entendis Sandhya m'appeler ; c'est alors que je compris mon erreur : j'avais oublié de me couvrir la tête ! Elle s'agitait désespérément, m'indiquait qu'il se trouvait là et me faisait signe en direction de ma tête. Je posai alors rapidement mon récipient pour me couvrir la tête. A ce moment-là, un groupe d'hommes, des amis de Baba, se rendaient au travail en longeant la route. Heureusement que ma tête était couverte, sinon ils m'auraient reconnue et auraient repris leurs sempiternels commentaires à mon sujet :

— Regardez, c'est la fille de Halder !

Un autre, étonné, aurait demandé :

— C'est donc ici que Halder a marié sa fille ?

Et un autre encore :

— Mais pourquoi ne s'est-il pas renseigné avant ? Pourquoi a-t-il fait ça ?

Dès que je les voyais descendre la route, je courais me cacher dans la maison. J'étais extrêmement honteuse. Parfois, ils m'appelaient :

— Alors, fillette, c'est là que tu vis ?

Mais je ne leur répondais pas. Sans rien dire, je me détournais. Je ne sais pas quel effet tout cela pouvait avoir sur Baba, mais la vérité c'est qu'il venait moins fréquemment chez nous. Comme il empruntait notre route pour se rendre au travail, il lui arrivait souvent de faire comme s'il ne me voyait pas et de détourner le regard lorsqu'il passait devant chez moi. Même s'il se trouvait avec quelqu'un et qu'on lui disait : « Regarde, ce n'est pas ta fille ? », il détournait les yeux.

Dans ces moments-là, je comprenais bien qu'il le faisait exprès, et cela me causait une peine immense.

Certaines fois, je rentrais pleurer, d'autres fois, j'allai discuter avec Sandhya. Mais peu à peu, je finis par comprendre que Baba voulait se débarrasser de moi, qu'il m'avait renvoyée, un point c'est tout. Surtout, il ne voulait pas être accablé par mes soucis.

Il y avait une autre raison pour laquelle je me réfugiais souvent chez Sandhya : notre maison était construite en bord de route, entre une vaste demeure et un restaurant. J'avais honte de vivre dans cette petite cabane que nous appelions notre maison. Quand mon mari était absent, toutes sortes de gens glissaient un œil au passage, alors je me sentais beaucoup mieux chez elle. Un jour où nous bavardions de choses et d'autres, je lui dis :

— Didi, si nous allions au cinéma ?

Habituellement, elle n'avait pas la permission de quitter la maison, mais cette fois-là, son mari fut d'accord parce que j'étais là et qu'il me considérait comme sa propre fille. Il lui donna un peu d'argent en disant :

— Tenez, allez au cinéma.

Puis ce fut mon tour de demander la permission à mon mari. En fait, on ne peut pas dire qu'il me parlait vraiment. Quand nous nous levions le matin, je lui préparais du thé, des *roti* et des légumes, qu'il avalait avant de partir travailler. L'après-midi, quand il rentrait, il filait au robinet pour se laver et faire ses ablutions, puis rentrait et se couchait. Si je lui posais une question, il ne me répondait pas. Qu'il soit à la maison ou pas, cela revenait au même, et la plupart du temps j'avais l'impression qu'il n'était pas là même quand il y était. Lorsque je l'informai que je voulais aller au cinéma avec Sandhya, il se contenta de rire sans rien dire. Mais comme j'insistais, il me donna de l'argent. Je me dis alors que s'il en avait le pouvoir, il m'empêcherait de sortir, avec ou sans lui. Lorsque je revins du cinéma, il était assis, le visage rouge de colère. Il s'adressa à moi de manière grossière, englou-tit le repas que je lui présentai et disparut. Dans ces conditions, j'avais peu d'espoir qu'il prenne la peine de me conduire à l'hôpital quand ce serait le moment.

Mon ventre enflait de jour en jour et j'étais un peu inquiète. Quand j'en parlai à Sandhya, elle me conseilla d'essayer de convaincre Shankar de m'ac-compagner à l'hôpital. Mais je lui répliquai que c'était inutile, qu'il ne m'y emmènerait pas. Finale-ment, ne trouvant personne pour m'accompagner, alors que chacun semblait convaincu que je devais consulter un médecin, je décidai un jour de m'y rendre seule. L'examen confirma que j'étais enceinte de sept mois et l'infirmière me fit une piqûre. Je ren-trai à la maison. J'étais un peu moins inquiète, parce que j'avais fini par comprendre que je n'étais pas la seule à qui il arrivait ce genre de chose.

On commençait maintenant à dire à mon père :

— Ta fille est enceinte de sept mois, il faut que tu lui donnes le *sadh* !

Je n'avais aucune idée de ce qu'était le *sadh*, ni comment on le mangeait, mais cela me fit plaisir quand Baba et Ma vinrent me chercher pour me ramener chez eux et qu'ils allèrent au marché acheter des légumes, de la viande, du poisson et tout un tas d'autres bonnes choses. Ils m'achetèrent aussi un sari et un corsage. A cette occasion, la sœur de Ma, que nous appelions Badima, vint avec ses trois filles. Badima fit la cuisine et Ma prépara le *kheer*. Puis, tout en parlant, Ma mit du *kheer* dans une jatte et chercha autour d'elle une corbeille pour le recouvrir. Elle prit le panier à légumes, le vida sur le sol, le retourna et en recouvrit le *kheer*.

Ma conseilla à Baba d'aller faire ses ablutions, mais il lui répondit :

— Finissons d'abord ce que nous avons à faire avec Baby, ensuite on verra.

Ma mit sept variétés différentes de légumes et du *kheer* dans un *thali*, puis m'envoya mettre un sari. Je revins revêtue du sari et, au moment où je me baissai pour toucher les pieds de Baba, il se recula. Choquée, je me relevai. Les yeux fixés sur Ma, il dit :

— Quand une fille est enceinte, on ne doit pas accepter ses salutations car on ne sait pas si elle porte en son sein un serpent, une grenouille ou un dieu.

A ces mots, Badima refusa également mes salutations et me dit :

— Va t'asseoir, aujourd'hui tu mangeras la première, nous autres, nous mangerons après.

Comme je m'asseyais, Ma alla découvrir le *kheer* pour voir s'il avait caillé : on dit que le bébé sera une fille s'il caille et s'il ne caille pas, on présume que ce sera un garçon. Le *kheer* n'avait pas caillé et Ma en fut ravie.

— C'est un garçon, c'est un garçon ! annonça-t-elle haut et fort à Baba.

Lui aussi était très heureux, et tous les voisins qui passaient par là semblaient enchantés, eux aussi, par la perspective de cette naissance.

Quand j'eus fini mon repas, Baba, Ma, Badima et ses filles s'assirent pour manger. Baba s'adressa à Badima :

— Didi, j'ai très peur. J'espère que ce n'est pas dangereux de mettre un enfant au monde à cet âge.

Badima soupira avec dédain et dit :

— Ne sois pas stupide, tout va bien se passer.

Au beau milieu de ces festivités, mon mari décida tout à coup qu'il voulait rentrer à la maison. Quelle drôle d'idée ! Tout le monde tenta de le dissuader :

— Laisse passer un jour, disait-on, elle vient juste de prendre le *sadh*, pourquoi la ramener à la maison le jour même ? Elle ne peut pas partir aujourd'hui.

Il accepta donc de me laisser à condition que lui puisse s'en aller.

— Vous pourrez la ramener plus tard, leur dit-il.

Il était curieux, mon mari, il ne connaissait aucune des conventions sociales, ne savait pas s'exprimer avec ses aînés, ni leur montrer la moindre marque de respect. Et si je m'aventurais à lui demander d'être plus courtois, il me lançait des regards noirs.

Le lendemain, Badima et Baba me raccompagnèrent chez moi. En chemin, Badima m'expliqua que je ne devais pas sortir de chez moi le soir et que si j'y étais obligée, cela devait être en compagnie de mon mari. Après leur départ, j'entrai dans la maison. Son état me donna envie de partir en courant. Je n'avais été absente qu'une seule journée et il régnait déjà un désordre épouvantable. Mon mari était une personne très sale. Jamais il ne se lavait les dents ni le visage proprement. Je détestais devoir manger dans l'assiette qu'il venait d'utiliser. Quand je lui demandais de se laver les dents, il ne m'écoutait pas. Et quand il s'agissait de salir notre minuscule logis, il se débrouillait à merveille. Il ne passait jamais un coup de balai, et quand je partais quelques jours, il laissait s'empiler les plats et les ustensiles sales. Souvent, je redoutais de rentrer à la maison, il fallait que je me fasse violence, et je me disais que les hommes étaient seuls à avoir de tels privilèges. Il était inutile de lui expliquer puisque de toute façon il ne voulait rien entendre.

Un jour, enceinte de huit mois et à bout de patience, je me rendis chez Baba. J'avais imaginé pouvoir y trouver un peu de paix, mais dès mon arrivée, j'appris que Mama était très malade, qu'on lui avait diagnostiqué une tuberculose. En entendant cela, Mami se mit à pleurer. La mère de Mama, que nous appelions Dadima, commença à lui lancer des injures et à la maudire, comme si elle la tenait pour responsable de sa maladie. Baba emmena Mama voir les meilleurs médecins de Durgapur, et Mami leur donna un peu d'argent pour acheter les médicaments.

Mami était la seconde épouse de Mama, le frère de Ma. Bien que mariée depuis plusieurs années, elle n'avait pas eu d'enfant. Un jour, la première épouse était partie rendre visite à ses parents, et quand il avait réalisé qu'elle ne reviendrait pas, mon oncle avait pris une seconde épouse. La première épouse avait laissé en partant sa petite fille, mais au bout d'un certain temps, celle-ci insista pour rejoindre sa mère. Aussi la seconde épouse ramena-t-elle l'enfant là-bas. Peu de temps après, la santé de mon oncle commença à décliner, et c'était la raison pour laquelle Dadima maudissait Mami.

Ce soir-là, mon frère et moi mangeâmes puis allâmes nous coucher. Ma et Baba nous faisaient toujours manger avant eux. J'étais sur le point de m'endormir lorsque j'entendis mon père dire à Ma :

— Va chercher Baby pour qu'elle mange encore un peu.

Ma lui répondit :

— Pourquoi n'y vas-tu pas toi-même ?

Alors il m'appela et quand je lui dis que je n'avais pas faim, il insista :

— Viens, ma fille, viens t'asseoir près de moi un petit moment.

C'était toujours la même chose quand j'allais chez Baba. Certains jours, ils étaient très gentils avec moi, très attentionnés, et me donnaient toutes sortes de bonnes choses à manger. Si je n'avais pas trop d'appétit, Baba laissait un peu de nourriture dans son assiette et me disait de manger quand j'aurais faim. Ma n'était pas en reste non plus : quoi qu'elle cuisine, elle me réservait toujours une petite part. Un jour, pendant que je mangeais, elle me demanda s'il arrivait à mon mari de rapporter du poisson ou de la viande à la maison. Je lui répondis que oui, mais très rarement. A ces mots, Ma le traita de pingre, mit dans mon assiette une portion supplémentaire de poisson en disant :

— Tiens, mange, et si tu veux autre chose, n'hésite pas à me le demander.

C'était étrange, d'un côté j'étais l'objet de tant d'amour, de soins, d'attention, et de l'autre, pour la moindre broutille j'étais le sujet de leurs querelles. Quand Ma était en colère, elle ne maîtrisait pas sa langue et parlait à tort et à travers.

A la fin, n'en pouvant plus, je lui dis :

— Ma, je n'ai aucune envie de poisson ni de viande, mais si ma présence cause tant de problèmes, je ferais mieux de partir.

Je rassemblai mes affaires, mais Ma m'arrêta :

— Ne pars pas tout de suite. Si tu veux vraiment t'en aller, attends cet après-midi.

— Non, je ne reste pas et je ne reviendrai plus tant que ma présence causera autant de problèmes entre toi et Baba.

— Mais c'est ton Baba qui fait des histoires.

— Baba est bon, tu es bonne, tout le monde est bon, mais je ne suis pas sitôt arrivée que vous commencez à vous chamailler, et je ne peux pas le supporter.

Je fis mine de partir mais elle m'arrêta et ajouta :

— Attends au moins de dire au revoir à ton père.

— Où est-il ?

— Il est parti à la mare, laisse-lui le temps de rentrer, tu t'en iras après.

— Mais il sera tard, et il faut que je m'occupe de la cuisine et du reste…

A peine avais-je fini de parler que Baba apparut. Ma lui dit :

— Regarde-la, elle s'apprête à partir, dis-lui de manger au moins avant de nous quitter.

— Si ta mère te demande d'attendre, pourquoi ne lui obéis-tu pas, pour une fois ? me demanda-t-il.

— Quoi ? Pour entendre les mêmes choses encore et encore ? Je ne supporte plus cette tension entre vous à cause de moi. Dieu seul sait pourquoi, mais il faut que je m'en aille.

J'aurais voulu pouvoir en dire plus, mais c'est précisément à ce moment que le fils de Badima arriva en courant pour nous annoncer que Mama était mort. Ma se mit à pleurer et Dadima, qui était là, s'évanouit. Baba ne savait que faire, ni de qui s'occuper. Accompagné de Ma, il se hâta chez Mama. Je restai à la maison avec Dadima. Des voisins vinrent lui apporter un peu de réconfort, je l'aidai à s'asseoir, lui aspergeai d'eau le front, mais elle demeurait inconsolable et ne cessait de sangloter.

Lorsque Ma et Baba arrivèrent à la maison de Mama, ils trouvèrent le corps étendu devant chez lui.

Ma s'assit à ses pieds et fondit en larmes. Le chagrin de Mami était autre : comme elle n'avait pas pu avoir d'enfants et que tout le monde avait été si méchant avec elle, elle avait fini par se désintéresser de mon oncle. Les voisins firent le nécessaire pour emmener Mama. On envoya Ma chercher Dadima pour qu'elle puisse voir une dernière fois le visage de son fils. Mais les gens disaient que ce n'était pas une bonne chose, qu'elle ne le supporterait pas. Alors Ma ne lui laissa voir le visage de son fils que de loin, puis la fit entrer à l'intérieur.

Mama n'ayant pas de fils, c'est au plus jeune enfant de Badima que fut confié le soin d'accomplir les derniers rites. Pour cela, on lui rasa le crâne. Le jour de *satkarya*, ils me laissèrent tous à la maison et partirent : Baba voulait que je reste à l'écart, sous prétexte qu'il ne réussirait pas à s'occuper en même temps de deux femmes éperdues de douleur.

Une fois les rituels accomplis, je rentrai chez moi, mais trouvai la maison fermée. J'allai chez Sandhya. En me voyant, elle s'exclama :

— *Arre*, tu reviens déjà ? Nous étions justement en train de parler de toi. Nous pensions que tu attendrais la fin des cérémonies.

— Crois-tu qu'on puisse survivre à ces chamailleries quotidiennes ? J'aurais voulu rentrer beaucoup plus tôt, mais avec la mort de mon oncle, il a fallu que je reste un peu. Est-ce que tu sais pourquoi ma maison est fermée ? Comment vais-je faire pour entrer ?

— Il n'y a rien à faire. Tu n'as qu'à attendre ici le retour de Shankar.

— Tu ne peux pas demander à Bhagirath d'aller jeter un coup d'œil ? Mon mari est peut-être encore à la boutique du décorateur.

Sandhya envoya donc son fils aux nouvelles.

Sandhya était bengalie et son mari venait du Bihâr : elle s'adressait à ses enfants et à son mari en bihâr, mais me parlait, à moi, en bengali. Peu de temps après, Bhagirath revint avec la clé. Il nous dit qu'il avait trouvé mon mari chez le décorateur : lorsqu'il avait appris mon retour, il lui avait simplement donné la clé et l'avait renvoyé. Je pris la clé et partis chez moi. Le spectacle qui s'offrit à mes yeux me donna le vertige : la maison était dans un incroyable état de crasse, maculée de boue et de poussière ; dans la cuisine, le sol de terre battue avait été creusé et retourné par les souris pour nicher ; la vaisselle était empilée pêle-mêle, pleine de vieux restes de nourriture. C'était si terrible que j'eus infiniment honte. Devant ce spectacle insupportable, je me précipitai chez Sandhya et me mis à me cogner la tête contre le mur. Elle me demanda ce qui n'allait pas et je lui répondis :

— Didi, viens voir l'état de la maison.

— Je n'ai même pas besoin de regarder, je sais, me dit-elle. C'est comme ça quand il n'y a pas de femme à la maison. Puis elle ajouta : J'ai remarqué que certains jours il ne se lavait même pas, qu'il faisait la cuisine et mangeait dans la vaisselle sale.

— Mais pourquoi est-ce à la femme de garder la maison propre ? L'homme pourrait au moins nettoyer l'endroit où il mange et fait la cuisine.

Badima me rendait parfois visite. Un jour, je lui dis :

— Regarde l'état de ma maison.

— Ma chère enfant, tout repose sur toi. Il faut que tu lui expliques calmement.

— J'ai essayé ! Mais il ne tient aucun compte de ce que je lui dis. Dès que j'ouvre la bouche, il me saute à la gorge ! Je ne sais plus quoi faire.

Parfois, lorsque je me sentais vraiment seule à la maison et que j'en avais assez de rester là, je sortais et traversais la route pour aller voir jouer les enfants. J'avais très envie de me joindre à eux. Un jour, je me tenais devant la maison à les observer jouer au *gulli danda* : tout à coup, le *gulli* fendit les airs pour venir atterrir à mes pieds. Je pensai d'abord le ramasser pour le renvoyer aux enfants, mais dès que je le touchai, je ne sais pas ce qui me prit, au lieu de le leur renvoyer, je courus les rejoindre dans le champ où ils jouaient. Je ne sais pendant combien de temps je jouai avec eux, et j'aurais bien continué si l'un d'eux n'était venu me prendre par la main pour me dire :

— Didi, cette dame là-bas t'appelle !

Je levai les yeux et vis devant ma maison des femmes qui me regardaient ; l'une d'entre elles, je l'appelais Mashima, criait dans ma direction. Lorsque j'arrivai près d'elle, elle me gronda :

— Mais est-ce que tu te rends compte de ce que tu es en train de faire ? Et si tu te faisais mal ? Regarde ton gros ventre ! Tu peux à peine marcher et tout ce que tu trouves à faire, c'est de courir jouer dans les champs ! Allez, retourne vite chez toi !

Je me précipitai à la maison, l'air penaud. Dans le voisinage, chacun y alla de ses railleries, et en particulier les petits garçons et les petites filles qui disaient :

— Regardez Boudhi, elle peut à peine bouger mais ça ne l'empêche pas de jouer au *gulli danda* !

En entendant cela, je ne pus m'empêcher d'éclater de rire.

Quand j'étais heureuse comme ça, je trouvais que je n'étais pas si mal dans la maison de mon mari. Chez Baba, la tension continuelle était difficile à supporter, alors qu'ici il n'y avait que deux personnes, l'une d'entre elles n'étant pratiquement jamais là. On se disputait et il partait, alors pour me consoler je regardais jouer les enfants ou bien j'allais chez Sandhya, qui était toujours prête à m'apporter du réconfort. C'était Sandhya qui avait dit à mon mari de me donner tout ce que je désirais manger : ainsi, avait-elle dit, mon enfant n'aurait pas trop l'eau à la bouche. Et moi, j'étais assez idiote pour croire qu'il ferait comme elle avait dit et je me mis à rêver à ce que je pourrais lui demander. Je décidai que, le moment venu, je lui réclamerais du *chop mudi*. J'étais heureuse rien que d'y penser ; je croyais vraiment qu'il m'en donnerait, aussi j'attendis avec impatience la fin de la journée et le grand moment. Au fil des heures, mon attente n'avait d'égale que mon bonheur. Puis je me souvins tout à coup qu'il ne serait pas à la maison ce soir-là, alors je me dis : « Pourquoi ne pas lui demander tout de suite ? » Mais comment faire ? Nous nous parlions à peine... Il fallait pourtant essayer au moins une fois, pour voir ce qui se passerait. J'allai donc dans la cuisine. Il était assis sur un tabouret, je tournai autour de lui, hésitante. Il me regardait, je le regardais. Alors, me disant que le *chop mudi* ne viendrait pas tout seul, je pris mon courage à deux mains et, dans un large sourire, lui demandai de me donner de l'argent. Il me fallut le répéter deux ou trois fois avant qu'il n'extirpe de l'argent de son *lungi*, plutôt à contrecœur, avant de s'éloigner.

Mon mari ne me donnait jamais d'argent. J'étais obligée de passer par lui pour la moindre petite chose. C'était lui qui décidait de me donner de l'argent ou pas. Dans le quartier, il y avait toutes sortes de marchands qui venaient vendre leurs articles et je me sentais mal quand je voyais les autres filles faire des achats. Même les courses au marché, c'était lui qui s'en chargeait. Ne pouvant plus supporter de vivre sans argent, je décidai d'échafauder un plan : chaque jour, en faisant la cuisine, je mettrais de côté une poignée de riz. Au bout de quelques jours, le voyant sortir de la maison avec un sac, je lui demandai s'il partait acheter du riz, et lorsqu'il me répondit que oui, je lui dis :

— J'en ai encore, tu ne voudrais pas plutôt acheter autre chose ?

Il se mit à rire :

— Fais voir pour combien de jours il en reste.

— Oh, pour deux ou trois jours.

A ces mots, il reposa le sac et, sans rien dire, partit au travail. J'avais bêtement imaginé pouvoir ainsi gagner quelques roupies. Peut-être aurais-je mieux fait de ne rien dire.

Le lendemain matin, pendant qu'il buvait son thé, je lui dis :

— Rapporte du riz, s'il te plaît, sinon je n'en aurai pas assez pour préparer le repas.

— Mais tu as dit que tu en avais pour deux ou trois jours.

— Je ferai cuire ce riz si tu me paies.

Il se mit à rire sans rien dire. J'ajoutai :

— Tu ne crois pas que j'ai besoin d'argent pour faire quelques courses ? Tu ne m'achètes jamais rien, et si tu ne me donnes pas au moins un petit peu d'argent, comment veux-tu que je me débrouille ? Ici tout le monde arrive à se payer quelque chose de temps à autre, et moi je reste là, à les regarder.

— Tiens, prends ça, dit-il en me tendant dix roupies.

— Deux ou trois kilos de riz pour seulement dix roupies ? Je ne te donnerai pas mon riz pour cette somme dérisoire.

Comme il se mettait à rire, je lui dis :

— Ne ris pas, c'est en me privant un peu chaque jour que j'ai réussi à économiser, mais si c'est tout ce que tu me donnes, je ne mettrai plus de riz de côté.

— Tu trouves que tu n'as pas assez à manger ici ? Je suppose que tu t'imagines que c'est ton père qui te nourrit, et que moi je ne te donne rien du tout ?

— Qu'est-ce que tu me donnes, lui demandai-je, à part deux petites bouchées de rien du tout ? Tu crois que je n'ai aucun désir dans ma vie ? Chaque matin, tu me donnes la même poignée de riz et de légumes mais jamais tu ne te demandes comment je me débrouille avec si peu. Tu te remplis la panse et tu t'en vas sans me demander si j'ai mangé, si mon estomac est rempli.

Tout cela n'eut sur lui aucun effet.

J'aurais voulu en dire plus, mais juste à ce moment-là Ma arriva. Nous eûmes une conversation plutôt décousue, puis elle voulut savoir si j'étais allée à l'hôpital. Comme ce n'était pas le cas et qu'elle savait que ma grossesse était presque arrivée à terme, elle me dit :

— Allez, viens avec moi, il va falloir nous occuper de l'arrivée de ce bébé.

Mon mari entendit toute la conversation, mais même lorsque je fis mes bagages, il ne souffla mot. Je partis avec Ma.

Les deux ou trois premiers jours chez Ma et Baba furent assez agréables, puis les chamailleries recommencèrent. Cette fois-ci, les choses semblaient avoir empiré et un jour je vis que Baba était vraiment très en colère. Il dit à Ma :

— Tu es bien bonne, tu as ramené ma fille ici en lui faisant miroiter paix et tranquillité, et maintenant qu'elle est là, tu lui cherches querelle pour la moindre broutille !

Ma répliqua en marmonnant quelque chose que je ne compris pas et Baba frémit de rage. Il était si furieux qu'il se mit à la frapper. Lui criait et elle criait aussi. Je fis de mon mieux pour les calmer, mais ils n'étaient pas d'humeur à m'écouter. Ma colère se mit alors à enfler : je me demandais si ces gens étaient capables de vivre un seul jour en paix. Je dis à Ma :

— J'ai fait une erreur en venant là. Si ma présence te cause tant d'ennuis, je ne comprends pas pourquoi tu m'as proposé de venir. Tu aurais dû me laisser là-bas. Mon Dieu, qu'ai-je donc fait pour mériter cela ? N'existe-t-il pas un seul endroit où je pourrais vivre en paix ?

Tout en disant cela, je me mis à me cogner la tête.

Baba se rua vers moi – peut-être avait-il peur que je ne me fasse mal – et fit mine de me relever, puis il regarda Ma et se retint. Il resta près de moi et dit :

— Ne pleure pas, mon enfant, je t'en prie, ne pleure pas.

Cela ne fit qu'accroître ma colère et redoubler mes pleurs. Alors il se tourna vers Ma :

— Rani, fais-la taire ou elle en mourra. Oh ! mon Dieu, qu'ai-je donc fait ? Qu'est-il arrivé à ma fille ?

Il appela un voisin :

— Dada, viens voir ma fille, pourquoi se comporte-t-elle ainsi ? Que lui arrive-t-il ?

Le voisin arriva et, tout en maintenant ses distances, il se mit à me crier :

— Qu'est-ce qui t'arrive, Baby ?

Entre-temps, ma fureur était montée en flèche. Dans mon emportement, je ne me rendais même pas compte que mes vêtements étaient à moitié défaits. Le sang m'était monté à la tête. Je ramassai un grand couteau et le soulevai bien haut. Tout en le maintenant en l'air, je dis :

— Ne m'approchez pas ! Si quelqu'un essaie de s'approcher, je le découpe en menus morceaux avec ça.

A ces mots, Baba se jeta à mes pieds et se mit à pleurer :

— Calme-toi, mon enfant, je t'en prie, calme-toi.

Dadima s'approcha de moi par-derrière :

— Veux-tu bien poser ça ?

Elle me le retira doucement des mains, le fit glisser au sol et dans le même temps, je me laissai choir dans un bruit sourd. A ce moment-là, Baba se releva et demanda à Ma de m'enduire le front de baume. Tandis qu'elle s'exécutait, Baba me proposa gentiment de m'asseoir. Je fis ce qu'il me demandait, arrangeai mes vêtements et lui annonçai :

— Je pars demain matin.

— D'accord, pars s'il le faut, mais pour le moment, tu dois retrouver ton calme.

Puis, les larmes aux yeux, il ajouta :

— Je suis vraiment désolé, chaque fois que tu viens chez nous, il y a des problèmes. Je regrette d'avoir été incapable de te donner quelques instants de paix. Je gagne bien ma vie et pourtant, je suis incapable de te nourrir correctement. Quelle sorte de père suis-je donc ? Pars, mon enfant, cet endroit n'est pas fait pour toi, tu ne pourrais pas y vivre. Prends tout ce qui t'appartient, tout ce qui te revient, et pars.

Ce soir-là, j'allai me coucher la faim au ventre. Il était assez tard lorsque Ma réveilla Baba pour lui proposer de manger. Il m'appela :

— Viens, mon enfant, viens manger quelque chose.

— Je n'ai pas envie, je n'ai pas faim.

Mais ils vinrent me prendre par la main pour m'aider à me relever et me donnèrent à manger. Au matin, je rentrai chez moi avec Dadima. Après m'avoir raccompagnée, elle alla voir Mami, puis rentra chez elle.

Les douleurs commencèrent trois jours après mon retour. Ce matin-là, Baba avait envoyé mon frère au marché et lui avait demandé de passer me voir. Quand il arriva, il me trouva couchée et voulut savoir ce qui se passait. Je lui répondis que je ne me sentais pas bien. Mon mari était également présent à ce moment-là. Il dit à mon frère :

— Ta mère a eu vite fait de l'emmener, mais elle n'a pas réussi à la garder bien longtemps.

Mon frère répondit :

— Didi a bien fait de partir, ce n'est pas bon pour elle de rester là-bas. Moi aussi je vais bientôt partir.

Je lui demandai :

— Où vas-tu aller ?

— Est-ce que tu crois que c'est vivable là-bas ?

Mais mon mari l'interrompit :

— Alors pourquoi ta mère l'a-t-elle emmenée ? Juste pour lui prouver son amour, c'est ça ?

Mes douleurs ne faisaient qu'augmenter. Mon frère avait dû parler à Baba de mon état, car le jour même, il vint me rendre visite, accompagné de Ma. Il dit à mon mari que je devais être immédiatement transportée à l'hôpital. Shankar s'en prit à lui :

— Vous l'avez ramenée chez vous en disant que vous alliez prendre soin d'elle, alors pourquoi ne l'avez-vous pas gardée ?

Tout ce que Baba trouva à répondre fut :

— Sa place est ici, c'est là son sort.

Et il repartit avec Ma.

A cette époque, Sandhya venait souvent me voir. Un jour, elle dit à mon mari :

— Shankar, cela fait deux jours qu'elle a des douleurs et rien ne se passe, pourquoi n'appelles-tu pas la sage-femme ?

Il ne répondit rien, mais comme Sandhya insistait, il alla chercher la *dai*. Quand elle arriva, elle fit sortir tout le monde de la pièce et m'examina ainsi que le médecin l'avait fait à l'hôpital quelque temps plus tôt. Ensuite, elle me massa le ventre en disant :

— L'enfant n'arrivera pas avant deux ou trois jours, mais tu dois te reposer jusque-là. Tu peux quand même te lever.

Je me mis à trembler de peur. Elle arrangea mes vêtements et me fit savoir que si j'avais fait un nœud sur un de mes habits ou sur une corde, il fallait que je le défasse. Puis elle me fit ouvrir les couvercles des pots d'épices, après quoi elle les replaça elle-même. Je me mis à pleurer, je me demandais dans quel pétrin je m'étais fourrée. La *dai* resta assise un petit moment avec moi, puis appela Sandhya et partit.

Cinq jours plus tard, les douleurs n'avaient pas cessé et il ne s'était toujours rien passé. La douleur était irrégulière, mais lorsqu'elle apparaissait, je ne savais pas quoi faire. Quand je ne souffrais pas, j'avais envie de me lever, de me promener un peu, de parler à quelqu'un. Dans la journée, Sandhya prenait soin de moi, elle me proposait toutes sortes de nourritures et m'obligeait à prendre des boissons chaudes : du lait, du thé ou de l'eau, convaincue que si je ne mangeais rien, le bébé aurait du mal à sortir. La nuit je dormais seule, et lorsque les douleurs surgissaient, il m'arrivait de crier tant les souffrances étaient grandes, mais cela ne faisait pas la moindre différence pour mon mari qui continuait à dormir malgré tout. Le sixième jour, la *dai* revint, me fit un massage, m'examina et m'annonça que ce n'était pas encore le moment. Peu à peu, les douleurs augmentaient, en même temps que les larmes et les cris devenaient plus fréquents. La *dai* passa cette journée-là auprès de moi. Je n'avais pas vraiment réussi à manger ni à dormir ces six derniers jours, persuadée que j'allais mourir.

Au bout de ces six jours, Sandhya commença à s'inquiéter que le travail n'avance pas. Elle appela mon mari et lui dit :

— Mais que fais-tu, Shankar ? Depuis tout ce temps, tu n'as toujours pris aucune disposition. Va, emmène-la à l'hôpital.

Ce soir-là, vers neuf heures, Sandhya et son mari se préparèrent pour nous accompagner à l'hôpital, moi, mon mari et la *dai*. Lorsque Sandhya tendit la main pour me soutenir, je me mis à pleurer : je me sentais si faible que je pouvais à peine marcher. Mais chacun me persuada que je pourrais y arriver d'une manière ou d'une autre et on m'aida à me hisser dans une camionnette qui se trouvait là. Tout le monde monta et nous partîmes pour l'hôpital. Une fois les formalités d'admission accomplies, ils repartirent tous dans la camionnette.

A l'hôpital, moi, une enfant d'à peine quatorze ans, moi, Baby, je me retrouvai toute seule à pleurer

73

et à crier. Lorsque les autres patientes commencèrent à se plaindre, on déplaça Baby dans une autre pièce où elle fut allongée sur une table, mains et jambes attachées. Une *ayah* et une infirmière venaient la voir de temps à autre. Lorsqu'elle se mit à crier plus fort, l'*ayah* appela un docteur. Celui-ci posa une perfusion de sérum physiologique et déclara qu'elle était dans un état grave. On demanda à l'infirmière de ne pas la laisser seule. Vers dix heures du soir, Baby sentit qu'elle perdait quelque chose. Elle demanda à l'*ayah* si le bébé était né. A ces mots, l'infirmière et l'*ayah* éclatèrent de rire. Puis soudain, elle ressentit une crampe si terrible que cela la rendit folle de douleur. Si elle n'avait pas été attachée, elle aurait ramassé ce qui lui tombait sous la main pour le briser en morceaux. L'*ayah* dit :

— Pauvre petite, elle souffre et le travail n'avance pas.

Puis elle lui dit :

— Remets ton âme à Dieu ou à Maha Kali, et tout se passera bien.

Baby s'exécuta :

— Oh ! mon Dieu, Jai Ma Kali, ta Baby ne peut en supporter davantage. Alors je t'en prie, aide-la ou emporte-la, mais ne la laisse pas souffrir ainsi.

Pendant la prière un nouveau spasme de douleur se fit sentir, d'une intensité telle que tout ce que Baby réussit à faire fut de crier « Ma !!!!! »

L'infirmière et l'*ayah* se tenaient au pied de la table. L'infirmière dit à l'*ayah* :

— Je vois la tête mais le bébé n'arrive pas.

Cela dit, elle courut chercher le docteur. Entretemps, Baby était devenue comme folle. Le docteur arriva, enserra à l'aide d'une lanière le ventre de Baby qu'il tâta avant d'annoncer que l'enfant s'était retourné. L'infirmière alla chercher un autre docteur. Les mains et les pieds de Baby se crispaient sous la douleur, à tel point que les liens se rompirent. Quatre personnes arrivèrent rapidement pour la rattacher. Elle continuait à appeler sa mère en criant :

— Ma, Ma ! Je meurs, Ma ! Sauve-moi, Ma ! Où es-tu ?

Le docteur attrapa le bébé et le sortit. Tout à coup, les cris et les gémissements de Baby s'évanouirent. Elle se calma. Le périnée s'était déchiré. Il fallait le recoudre et l'infirmière apporta des ciseaux et des scalpels à l'aspect effrayant. Baby demanda craintivement à l'*ayah* :

— Que va-t-on faire avec ça ? Je me sens parfaitement bien à présent.

— Ce n'est rien, sois gentille, calme-toi.

Et Baby était allongée, à écouter les petits cris de l'enfant.

— Ton fils est né un jour faste : c'est la nuit de *Janamashtami*, il est dix heures dix, lui dit l'*ayah*, et son poids n'est pas mal non plus : il pèse trois kilos dix.

Elle continua ainsi à distraire Baby en lui parlant tandis que le docteur s'affairait. Une fois qu'il eut fini, il annonça à l'*ayah* qu'elle pouvait nettoyer. Oh ! mon Dieu, il y avait tellement de sang, il y en avait des pleins seaux ! Comment peut-on avoir encore un peu de force après avoir perdu tant de sang ?

— Lave-la soigneusement, dit le docteur avant de partir.

Après son départ, elles firent descendre Baby de la table et essayèrent de l'aider à se lever. Mais elle tomba au sol dans un bruit sourd et s'évanouit. L'*ayah* courut chercher le docteur. Quand il arriva, il expliqua qu'il avait bien craint un tel incident. Ils relevèrent Baby, l'allongèrent sur un brancard et la portèrent sur un lit. Elle entendait leurs voix étouffées, mais ne pouvait ni parler ni voir. Ils tentèrent de lui poser une perfusion, mais ne trouvaient pas de veine sur son bras. Un nouveau docteur arriva et demanda qu'on le laisse faire. Il tourna et retourna son bras jusqu'à trouver l'endroit où planter l'aiguille. Il demanda ensuite à l'infirmière de placer une deuxième bouteille lorsque la première serait terminée. L'infirmière plaça ainsi une première, puis une deuxième et enfin une troisième bouteille, et partit en recommandant bien aux autres patientes de ne pas donner d'eau à Baby, même si elle en demandait. Lorsqu'elle se réveilla au milieu de la nuit, Baby se sentait parfaitement bien. Elle essaya de se lever, mais n'y parvint pas. Son corps semblait comme vide, elle se sentait mince et légère comme si elle était collée au lit. Et elle avait très soif. Elle demanda de l'eau aux patientes qui se trouvaient autour d'elle, mais aucune n'était disposée à lui en donner : elles lui expliquèrent qu'elles avaient des instructions. C'est à ce moment-là que le regard de Baby tomba sur une bouteille qui se trouvait sur une table toute proche. Elle avait l'impression qu'elle allait mourir si elle ne buvait pas. Elle réussit à étendre le bras pour s'emparer de la bouteille et avala l'eau d'un seul trait. Quand elle se réveilla le lendemain matin, elle se rendit compte que ses yeux et son visage étaient terriblement gonflés. Lorsque le docteur la vit, il se mit à la gronder :

— Est-ce que tu veux mourir ? Pourquoi as-tu bu cette eau ?

Baby ne put que pleurer. Elle n'avait pas d'autre réponse.

Un peu plus tard, l'*ayah* apporta l'enfant de Baby et le lui tendit, puis elle lui réclama de l'argent pour acheter des friandises.

— Ton premier enfant est né un si bon jour, un mercredi, jour de naissance de Krishna. Quand vient son père ? Nous avons eu beaucoup de travail, nous sommes restés éveillés toute la nuit, et toi, tu as également eu beaucoup de mal.

Baby répondit :

— Mausi, j'ai terriblement faim.

L'*ayah* alla lui chercher du thé et du pain, et lui dit :

— A présent, il faut nourrir ton enfant.

Baby mangea le pain, but le thé, mais elle avait encore faim.

— Oui, et ce n'est pas fini, dit l'*ayah*, après tout, ton corps s'est vidé.

Puis elle changea de sujet et redemanda :

— Personne de chez toi ne va venir ?

A peine avait-elle fini de parler que le mari de Baby arriva. L'*ayah* lui dit :

— Ecoute, Baba, nous sommes restés éveillés toute la nuit pour elle, alors maintenant, donne-nous notre dû.

Le mari de Baby fut ravi d'apprendre la naissance d'un fils. L'infirmière vint le voir et lui dit :

— Ah ! Regardez-moi ce sourire sur le visage du père. Mais n'y a-t-il personne chez vous qui aurait pu passer la nuit ici auprès d'elle ? Et si elle était morte hier, qui aurait mangé toute cette nourriture que tu as apportée ? Tu as de la chance qu'elle ait survécu, parce que nous, nous n'avions guère d'espoir. Quel genre d'homme es-tu donc, à l'avoir laissée souffrir autant et pendant si longtemps sans te donner la peine de venir ?

Le mari de Baby écoutait sans mot dire. Baby lui demanda :

— Fais-moi voir ce que tu as apporté. Je ne sais pas si je vais pouvoir manger.

L'*ayah* ajouta :

— Il faut lui apporter ton soutien, elle est encore très faible. Donne-lui de bonnes choses à manger. Cela ne suffit pas de s'occuper de l'enfant. La mère a également besoin d'attention.

Une femme qui était allongée dans un lit tout proche et qui venait elle aussi d'accoucher lui répéta la même chose. Le mari de Baby avait préparé chez lui du riz et du *dal*, et il avait acheté du curry de poisson dans un restaurant. L'enfant se mit à pleurer. Baby le mit au sein, mais elle n'avait pas encore de lait. L'*ayah* la conseilla :

— D'abord, mange à ta faim, ce n'est qu'ensuite que tu auras une montée de lait ; tant que tu n'as pas de lait, il faut que tu lui donnes de l'eau sucrée. Je vais te chercher de l'eau tiède.

Baby eut une montée de lait deux jours plus tard.

Elle était en train d'allaiter le bébé lorsque le docteur arriva. Effarouchée, elle posa l'enfant. Le docteur lui demanda :

— Tu vas bien ? Tu as beaucoup souffert. Tu es si jeune ! Pourquoi as-tu choisi d'avoir un enfant à cet âge-là ?

Elle ne répondit pas. Elle regardait autour d'elle, incapable de dire que l'enfant pleurait et qu'il fallait qu'elle le nourrisse. L'*ayah*, le voyant pleurer, attrapa le bébé et le lui redonna.

— Regarde, le bébé pleure. Mais quelle espèce de fille es-tu donc ? Tu devrais le nourrir. Je vois bien que tu ne sais rien ! Mais dis-moi, comment vas-tu élever cet enfant ?

Puis, adoucissant la voix :

— Je crois qu'on va te laisser rentrer chez toi bientôt. N'oublie pas de nous remettre ce que tu nous dois avant de partir. Si je ne suis pas là, tu peux laisser l'argent à la personne qui sera de service à ce moment-là. Ne t'échappe pas avant d'avoir payé, d'accord ? Souviens-toi, c'est nous qui avons nettoyé derrière toi, et cela n'a pas de prix, mais laisse-nous au moins un petit quelque chose.

Le lendemain, le docteur vint vers onze heures et demanda gentiment à Baby :

— Est-ce que tu te sens bien aujourd'hui ? Nous allons te laisser sortir dans la soirée, tu peux partir avec quelqu'un de chez toi. Je vais te faire une ordonnance pour les médicaments dont tu as besoin, surtout rappelle-toi bien de les prendre au bon moment et ne travaille pas trop, c'est entendu ?

Vers midi, les parents de Baby arrivèrent. Ne la trouvant pas dans la salle d'accouchement, ils sortirent. Elle était allongée sur un lit placé dans un coin. Dès qu'elle les vit, elle appela sa mère :

— Ma, je suis là !

— Je te cherchais partout. Ton Baba attend dehors.

— Qui est-ce ? demanda une patiente.

— Ma mère, répondit Baby.

Surprise, la femme ajouta :

— Mon Dieu, c'est difficile à croire !

— C'est un garçon, n'est-ce pas ? dit Ma. Tu te souviens, je t'avais dit que ce serait un garçon. Va le montrer à ton père.

Comme Baby se levait, une autre patiente lui demanda :

— Qui est cette personne ? Ta mère ?

Puis elle se tourna vers Ma et lui dit :

— Alors, qu'est-ce que tu penses de ce petit-fils, ton *nati* ? Est-ce que tu penses qu'il sera bon à marier ?

— Certainement, répondit Ma.

Comme Baby sortait avec le bébé, elle vit son père qui lui criait :

— Ne l'amène pas ici, ne l'amène pas !

Mais elle continua d'avancer et il reprit :

— Regardez-moi cette fille, je t'ai dit de ne pas l'amener ici, je le verrai à la maison !

Peu de temps après le départ de Ma et Baba, le mari de Baby arriva. Baby lui annonça que l'hôpital l'avait autorisée à sortir.

— Alors rentrons à la maison, dit-il. Attends, je vais chercher un rickshaw. Rassemble tes affaires en attendant.

Il partit, puis revint sur ses pas pour lui dire de manger le riz qui était dans le *tiffin*. Quand ils étaient venus lui rendre visite, les parents de Baby étaient accompagnés d'une de ses cousines, Sadhna, la fille de sa tante. Ils avaient demandé à Sadhna d'aider Baby à s'occuper du bébé, aussi, lorsque le rickshaw arriva, ils s'y installèrent tous et rentrèrent chez Baby.

Le rickshaw s'arrêta devant chez nous et, vu l'état dans lequel se trouvait à chaque fois la maison, je refusai d'entrer. Sadhna me proposa d'attendre dehors pendant qu'elle remettrait de l'ordre, je m'assis donc devant avec l'enfant. Lorsqu'elle me vit, Sandhya s'approcha et me demanda en souriant :

— Comment vas-tu ? Est-ce que tu ne souffres pas trop ?

— Je vais bien à présent, mais je me sens très faible.

— Ça va durer encore un peu. Tu viens de traverser des moments difficiles. A ta place, n'importe qui aurait abandonné depuis longtemps.

Puis, élevant la voix, elle ajouta :

— *Oye*, Shankar, c'est bien beau de regarder ton fils, mais il va aussi falloir t'occuper de sa mère. Va falloir la nourrir correctement.

Puis, se retournant vers Sadhna :

— Commence par allumer le feu pour préparer une tasse de thé à ta Didi.

J'avais l'enfant dans les bras quand soudain il se souilla : j'en avais sur les vêtements et les mains. Dès que je frottais un endroit, j'en salissais un autre. Sadhna me vit :

— Hé, qu'est-ce que tu fabriques ? Allez, laisse-moi faire ! Tout ce que tu réussis à faire, c'est à déplacer la saleté !

Honteuse, je la regardai, puis détournai la tête en souriant. Sadhna savait parfaitement ce qu'il fallait faire : en tant que fille aînée, il lui avait fallu s'occuper de ses jeunes frères et sœurs. Sandhya me dit :

— C'est très bien, tout ça, mais combien de temps Sadhna va-t-elle s'occuper de ton enfant ? Au bout du compte, c'est toi qui vas devoir l'élever. Alors tu ferais mieux d'apprendre.

Sadhna nettoya l'enfant et me le tendit. Un instant plus tard, elle prépara du thé et me l'apporta, accompagné d'un peu de pain. Pendant que je mangeais, elle astiqua une partie de la maison et me prépara un petit coin pour que je puisse m'allonger. C'est là que nous dormions la nuit : Sadhna, le bébé et moi. Un soir, elle m'apprit que dans sa famille, avant un certain temps, personne n'avait le droit d'entrer dans la pièce où se trouvait la jeune mère.

— Mais comment faire ici, lui dis-je, nous n'avons qu'une seule pièce…

Un jour, Ma annonça à Sadhna :

— Allez, il est temps que tu rentres chez toi.

Je lui demandai de me la laisser encore un peu, au moins jusqu'à ce que l'enfant ait un mois. Je proposai que mon mari ou moi la raccompagne, mais Ma demeura inflexible. Sadhna non plus n'avait pas envie de partir, mais il fallait bien qu'elle écoute ma mère. C'est ainsi qu'il me fallut me débrouiller toute seule pour tout : le ménage, le bébé et tout le reste. Dans le voisinage, les gens étaient curieux de savoir où Sadhna était partie. Ils se demandaient pourquoi elle n'était pas restée un peu plus longtemps, cela aurait été tellement bien. Mais que faire ? Elle était venue rendre visite à mes parents, et s'ils ne voulaient pas qu'elle reste plus longtemps pour m'aider, je n'y pouvais rien. On me conseilla de faire attention avec l'eau en particulier, parce que j'étais encore faible et que je pourrais attraper une infection. Ils m'étaient tous d'un grand soutien, beaucoup plus que Ma et Baba, ce qui m'étonnait parfois. Ma et Baba n'étaient venus qu'une fois depuis que j'étais rentrée de l'hôpital, et ce n'avait été que dans le but de ramener Sadhna. Pas une seule fois ils n'avaient demandé des nouvelles de l'enfant.

Il me fallut continuer à supporter tous ces problèmes. Je commençai à manquer de lait alors que mon enfant avait à peine un mois. Le bébé pleurait sans cesse et je ne comprenais pas pourquoi. Une voisine me demanda :

— Pourquoi ton enfant pleure-t-il tant ? Est-ce que tu lui donnes suffisamment à manger ? Pourquoi n'essaies-tu pas de lui donner du lait en poudre ?

J'en parlai au père de l'enfant, mais plusieurs jours durant il fit comme si de rien n'était. Puis un jour, je ne sais ce qui lui passa par la tête, il revint avec une boîte de lait. Entre mon lait et celui-là, l'enfant semblait satisfait. Nous avions besoin de trois boîtes par mois. Que nous mangions ou pas, il fallait nourrir le bébé. Si je demandais autre chose à mon mari, il s'énervait et cela créait des tensions à la maison.

Ainsi le temps passa, puis un jour, mon frère, Jetha et un ami à eux nommé Dharni Kaku vinrent me voir. Comme j'étais couchée avec mon enfant, je me levai rapidement et fis de la place pour qu'ils puissent s'asseoir. Jetha dit :

— Je ne m'assieds pas, mon enfant.

— Pourquoi ? Que se passe-t-il ? Pourquoi as-tu l'air aussi tendu ? lui demandai-je.

Comme Jetha ne répondait pas, je me tournai vers Dharni Kaku, mais lui aussi demeura silencieux. Finalement, j'interrogeai mon frère :

— Qu'est-ce qui se passe ? Pourquoi ne me le dites-vous pas ?

Il me répondit simplement que notre sœur n'était plus, puis se mit à pleurer.

— Quelle Didi ? lui demandai-je.

— Notre Didi Sushila, dit-il.

Mais j'avais du mal à comprendre ce qui avait bien pu arriver à Didi. Lorsque la signification de ses paroles pénétra en moi, un frisson me parcourut le corps. J'étais comme enracinée au sol. Dharni Kaku répéta la nouvelle deux ou trois fois et soudain je me mis à pousser des cris. Je courus tout droit jusqu'à la maison de Baba. Là, je me cognai la tête contre le sol en gémissant :

— Baba, maintenant, nous avons aussi perdu Didi. D'abord Ma – elle est là et en même temps elle n'est plus là – et maintenant, Didi ! Nous nous disions que si nous n'avions plus de mère, nous avions au moins notre Didi ! Et aujourd'hui, elle aussi a disparu…

Baba prit mon bras pour m'aider à me relever et gentiment, il m'invita à me calmer :

— Je vais essayer de savoir ce qui s'est passé.

— Mais à quoi bon ? lui demandai-je. Personne ne s'est jamais préoccupé d'elle.

A chaque fois que j'allais voir Didi, ses voisins demandaient si son père l'avait complètement oubliée puisqu'il ne venait jamais la voir. Etait-ce à cause de sa nouvelle femme, demandaient-ils, que notre père n'avait plus de temps pour ses enfants ? Je dis à Baba qu'il ne pouvait pas imaginer la tristesse avec laquelle ma sœur avait dû affronter tout cela.

— Et regarde-toi, tu ne t'es jamais vraiment intéressé à elle ! lui reprochai-je entre deux sanglots.

Quand je m'étais ruée chez Baba, Jetha et Dharni Kaku étaient partis chez mon frère aîné qui vivait dans un village voisin avec sa femme. Lorsque Jetha arriva, il trouva mon frère assis en train de manger. En voyant mon oncle, il se leva, mais Jetha lui dit :

— Finis d'abord ton repas, mon fils.

Quand elle vit tout ce monde, son épouse Bhabi commença à ranimer le feu, mais Dharni Kaku lui dit :

— Ma fille, ce n'est pas la peine de nous préparer à manger.

Mon autre frère avait laissé Jetha et Dharni Kaku chez Dada pour aller annoncer la nouvelle à Badima. Dada se rassit pour manger et au beau milieu du repas, Badima arriva et s'exclama :

— *Arre*, qu'est-ce que j'apprends, Didi est morte ?

Ce fut un choc pour Dada. Avec douceur, Dharni Kaku dit à Badima :

— Ecoute, nous venons juste d'arriver et nous ne voulions rien lui dire avant la fin du repas. Mais toi tu arrives et tu déballes tout.

Dada laissa là son repas et courut rejoindre Baba.

Je me trouvais avec mon père à ce moment-là. Quand il arriva, Dada avait les yeux injectés de sang : on l'aurait dit prêt à tuer. Il n'arrivait même pas à pleurer. Il fallut un certain temps pour que viennent les larmes. Il regardait Baba bizarrement : voilà un homme qui venait de perdre sa fille aînée mais qui ne versait pas la moindre larme. Soudain, Dada se mit à pleurer à chaudes larmes. Dharni Kaku tenta de le consoler, mais en vain, et plus il pleurait, plus mes larmes coulaient. Badima avait suivi Dada lorsque celui-ci avait accouru chez mon père. Essuyant ses larmes, elle lui dit :

— Je n'ai jamais vu ton père lever le petit doigt pour aider ta sœur. C'est seulement parce que nous avons insisté qu'il a pris de ses nouvelles.

— Mais aucun d'entre nous ne s'est préoccupé d'elle, dit Dada, c'est pour ça que ce bâtard croyait qu'elle n'avait plus personne !

Puis, à voix basse, il demanda :

— Jetha, qu'est-il arrivé à Didi ?

— Mangal est venu me voir, expliqua-t-il, il m'a appris qu'elle était souffrante et m'a conseillé d'aller lui rendre visite.

Mangal était le mari de Didi. C'était tout ce qu'il avait dit à Jetha avant de disparaître. La femme de Jetha lui avait demandé des nouvelles des enfants, mais il n'avait même pas pris la peine de répondre. Comme il partait, Jetha lui avait demandé ce qui était arrivé à Didi et il avait seulement dit qu'elle avait la variole. Jetha ne s'était même pas arrêté pour manger quelque chose : il avait directement accouru chez Didi. Mais à son arrivée, il l'avait trouvée étendue dans la cour, enveloppée dans un linceul. Il en avait été bouleversé, et les fruits qu'en hâte il avait rassemblés pour elle lui étaient tombés des mains et s'étaient éparpillés sur le sol. Il avait également emporté une noix de coco verte afin qu'elle puisse s'enduire de son lait apaisant, et il l'avait lâchée elle aussi. Il n'y avait nulle trace du mari : il semblait avoir disparu après être allé chez Jetha. En entendant relater cette histoire, je sentais mon cœur battre à tout rompre, mais les yeux de Baba restaient secs. Un jour qu'elle était en colère, Didi avait dit à Baba :

— Comment un père peut-il se comporter ainsi ? J'ai l'impression d'avoir déjà accompli les rites funéraires de mon père, je veux dire son *shraad*.

Et à présent, c'était Baba qui ne cessait de psalmodier :

— Maintenant nous allons bien voir qui va faire le *shraad* de qui !

Badima le réprimanda :

— C'est tout ce que t'inspirent les circonstances ? Ta fille vient de mourir et tu n'as pas la moindre considération ni le moindre chagrin pour elle.

— Non, Didi, ce n'est pas ce que je veux dire…

— Que dis-tu alors ? l'interrompit-elle. Ta fille est morte et au lieu d'aller tout de suite là-bas, tu perds ton temps à te demander qui a dit quoi à qui…

— Oui, se fâcha Jetha, vas-tu y aller, oui ou non ? Sinon, dis-le-moi et moi j'irai.

— Non, Dada, j'y vais, bien sûr ! Je veux y aller. Mais ma fille y sera-t-elle encore ? Est-ce qu'ils ne l'auront pas déjà emportée ?

— Non, je le leur ai demandé, et j'ai laissé là-bas Raju avec elle afin qu'elle s'assure que personne n'emmène notre fille avant notre arrivée.

Raju était l'aînée de mes tantes.

— Alors je pourrai voir ma fille ? demanda Baba.

Mais la belle-famille avait exercé une telle pression sur ma tante qu'elle avait finalement été obligée de les laisser emporter le corps. D'abord ils avaient dit qu'ils ne pouvaient pas garder un corps aussi longtemps dans la maison. Comme elle insistait pour qu'ils attendent Jetha et Baba, ils l'avaient menacée puis avaient emporté le corps de force. Avant qu'aucun membre de la famille n'ait eu le temps d'arriver, ils avaient achevé tous les rituels funéraires et incinéré le corps. Ma tante Raju n'avait rien pu faire. Il fallut beaucoup de temps à Jetha et Baba pour arriver, parce qu'ils avaient d'abord dû prendre un train et ensuite marcher pendant cinq kilomètres. Lorsqu'ils arrivèrent enfin, ma tante accourut et cria à Jetha :

— Dada, je n'ai pas pu tenir ma promesse ! Je n'ai pas pu faire ce que tu m'avais demandé ! Ils l'ont emportée de force !

Quand j'avais appris la disparition de Didi, j'avais tout laissé en plan pour filer chez mon père. En rentrant chez moi, je trouvai mon mari assis avec le bébé sur un tabouret de cuisine. Il était furieux. Il me dit :

— Est-ce que tu as perdu l'esprit ? Laisser un si petit bébé et filer comme ça !

— Mais je savais que tu étais à la maison, lui répondis-je.

A ce moment-là, Sandhya, voyant que j'étais de retour, traversa la route et vint me demander :

— Qu'y a-t-il, que s'est-il passé ?

— Ma sœur n'est plus de ce monde, et je vis dans des conditions si misérables que je ne peux même pas proposer de m'occuper de ses enfants. Ils vont être si démunis ! Moi, je sais ce que c'est que d'être orphelin. Vers qui vont-ils pouvoir se tourner lorsqu'ils auront faim, lorsqu'ils auront besoin de quelque chose ? Nous, nous avons une mère et cependant nous avons passé notre vie sans mère. Ces enfants vont souffrir tout autant que nous autres...

— Est-ce que ton père ne peut pas les prendre avec lui ?

— Parce que tu crois que ces gens-là ont la moindre idée sur la manière d'élever des enfants ? Je ne sais pas ce qu'ils en pensent ; on le saura quand ils reviendront de chez Didi.

— D'accord, on en parlera plus tard, c'est l'heure d'allaiter le bébé.

Je mis l'enfant au sein et pendant qu'il tétait, mes pensées étaient tournées vers Didi. Si ma mère était aujourd'hui en vie, comme elle pleurerait de voir sa fille disparue ! Tandis que cette nouvelle mère qui était la nôtre n'avait pas la moindre trace d'humidité dans les yeux. Qu'allaient devenir les enfants de Didi ? Comme ils devaient être tristes ! Ils se retrouvaient sans personne pour les nourrir et les consoler. Leur père les battait peut-être s'ils pleuraient. Ou bien cette belle-famille les traiterait comme des bêtes et les jetterait dehors en leur disant : « Déguerpissez, vous vous prenez pour qui ? »

Imaginez le choc et le chagrin pour ces enfants : vers qui allaient-ils pouvoir se tourner ? Le destin qui les attendait était le même que le nôtre. Je regardai mon bébé en me demandant quelle vie l'attendait...

Au bout de deux ou trois jours, j'annonçai à mon mari que je voulais aller chez mon père.

— Mais tu as dit qu'ils n'étaient pas là, qu'ils étaient partis chez Didi, alors que veux-tu faire là-bas ?

— Il y a Badima et je veux comprendre ce qui s'est passé.

Ainsi je partis et le jour suivant Baba et Ma étaient de retour. Ma alla directement se laver. Au moment où il me vit, Baba posa son sac sur le sol et ses yeux se remplirent de larmes. Je me mis à pleurer et entre deux bruyants sanglots, je lui demandai de me raconter ce qui était arrivé à Didi. Il me releva et me dit :

— Arrête de pleurer, mon enfant. J'ai perdu ma fille et je ne peux m'empêcher de penser combien sa vie a dû être difficile.

— Arrête de pleurer à présent, répéta Badima, ce qui est arrivé est arrivé. Cela ne la ramènera pas, de pleurer, tu ne crois pas ?

— Oh ! Didi, dit Baba, elle en a eu tellement à supporter. Ce bâtard de Mangal avait une liaison avec une autre femme. Et si ma fille lui disait quelque chose, il la battait. Là-bas, certains pensent qu'elle a pris du poison ; d'autres disent qu'elle était malade. Que d'histoires ! Mais j'ai demandé à son petit garçon de me raconter ce qui s'était passé. D'abord il a eu peur et n'a pas voulu me parler. J'étais désolé pour lui, pauvre petit, il n'a que cinq ans. Puis je l'ai rassuré, je l'ai fait sortir et là je lui ai parlé. Peu à peu, il m'a raconté…

— Dadu, m'a-t-il dit, elle allait très bien.

Je lui ai dit que je l'emmènerais avec moi :

— Tu veux venir ?

— Oui, a répondu l'enfant, tu promets de m'emmener ?

— Oui, oui, lui ai-je répondu et tu resteras avec ton grand-père. Maintenant raconte-moi ce qui s'est passé.

— Je vais te raconter, mais il faut que tu me promettes de ne pas en parler à mon père.

Je lui ai promis que je ne permettrais pas qu'il lui arrive quoi que ce soit. Et peu à peu, l'enfant s'est mis à me raconter son histoire. Et voilà ce qu'il a dit :

— Tu sais, Dadu, depuis trois ou quatre jours, Baba se disputait avec Ma et la battait. Hier, il a fermé la porte de la chambre et il l'a frappée très fort. A ce moment-là j'étais dans la pièce. Quand Ma s'est mise à appeler à l'aide, Baba l'a attrapée à la gorge et il a commencé à l'étrangler. Quand j'ai vu sortir sa langue, je lui ai dit, arrête Baba, elle va mourir, lâche-la, Ma va mourir… et je me suis mis à hurler et à le frapper dans le dos, mais malgré cela il n'arrêtait pas. Lorsque Ma n'a plus eu de voix et qu'elle n'a plus rien dit, il l'a lâchée et elle est tombée par terre dans un bruit sourd. Puis il a commencé à l'appeler mais elle ne répondait pas.

— Que s'est-il passé ensuite ?

Baba pensait peut-être que Didi n'était pas encore morte à ce moment-là, qu'il lui restait encore un souffle, et il a demandé à nouveau ce qui s'était passé. L'enfant lui a répondu qu'ensuite son père l'avait poussé dehors et qu'il était parti. L'enfant n'avait pu en dire davantage et s'était mis à pleurer. Baba avait interrogé les voisins qui lui avaient confirmé que Didi n'avait pas survécu aux coups.

A présent, les yeux de Baba étaient remplis de larmes.

— Oh ! Rani, dit-il à Ma, il a étranglé à mort ma pauvre enfant. Qu'avait-elle fait pour mériter cela ? Je vais faire en sorte que ce bâtard soit jeté en prison.

Plus tard, les voisins de Baba et d'autres personnes encore lui firent savoir qu'ayant eu vent de ses menaces, Mangal avait dit :

— Et alors ? Qu'il me fasse mettre en prison ! Je me débrouillerai pour qu'il ne reste aucun souvenir de cette femme sur terre.

Baba finit par comprendre qu'en sortant de prison, il tuerait leurs enfants. Nous eûmes alors une longue discussion. Baba était furieux qu'ils ne l'aient pas attendu pour l'incinération, car il aurait pu faire en sorte que le corps soit envoyé à l'autopsie. Il se sentait complètement impuissant. Dans le voisinage, de nombreux amis avaient proposé leur aide, lui assurant qu'il n'avait qu'un mot à dire pour qu'ils aillent couper les mains de Mangal et que sa vie soit ruinée à tout jamais.

Cette histoire avait ému tous ceux qui étaient là. Baba avait du mal à parler, tant il était paralysé par le chagrin et la rage. Je n'arrêtais pas de penser à ce qu'elle avait dû ressentir, à la peur qui l'avait envahie quand elle avait compris que son mari allait la tuer. L'histoire de Baba m'avait donné envie de hurler. Il raconta comment ils avaient refusé de le laisser emmener les enfants. Finalement, il était parti en disant que si telle était la volonté de Dieu, les enfants auraient tout de même une belle vie. Mais moi je pensais que, quelle que soit la volonté de Dieu, ma sœur avait dû avoir une vie bien dure.

Au bout de quelques jours, la vie reprit son cours chez Baba. Le sort des enfants de Didi ne semblait plus le préoccuper. Parfois, je me disais qu'il avait oublié l'existence de ses deux autres petits-enfants. J'aurais voulu aller les voir, mais comment faire ? J'étais impuissante, liée à mon mari. Je devais me plier à sa volonté, car je n'avais aucune indépendance. Mais pourquoi ? Je ne cessais de m'étonner devant cette injustice. C'était ma vie, pas la sienne. Est-ce que je devais me conduire comme il l'entendait simplement parce que j'étais mariée avec lui ? Il me traitait comme si j'étais un animal. Si je ne pouvais trouver ni joie ni paix dans sa maison, fallait-il vraiment que je continue à vivre cet enfer ?

Un jour, mon bébé devait avoir trois mois, nous venions de manger et j'étais en train de nettoyer devant la maison lorsque mon mari me dit :

— Ah, voilà Baba !

Baba, me demandai-je, le Baba de qui ? Je pensai que c'était peut-être mon père qui arrivait, mais mon mari me dit en le désignant :

— Regarde, regarde là-bas !

Je regardai et vis un vieil homme vêtu de blanc. Et il était là à nous regarder, mon mari et moi. J'étais surprise. Puis mon mari le fit entrer et j'allai rapidement chercher de l'eau pour lui laver les pieds. Il se mit à parler avec son fils tandis que je restais dehors. J'entendis quelques bribes de leur conversation. Le père disait :

— Tu t'es marié sans rien dire à personne ! Mais pourquoi ? Non seulement tu n'en as parlé à personne, mais ça fait trois ans qu'on ne t'a pas vu à la maison. Et pendant tout ce temps-là, ta mère n'a pas arrêté de demander après toi. Nous aurions tellement voulu organiser ton mariage, recevoir notre belle-fille chez nous, et toi, tu n'as rien dit à personne, et par-dessus le marché, tu as un enfant et tu ne nous l'annonces même pas ! Tu ne crois pas que tu nous dois au moins ça ?

Après un moment, il poursuivit :

— Si c'est ton choix, alors il faut nous le dire. Nous ne nous inquiéterons plus et nous ne nous en porterons pas plus mal. Nous nous dirons simplement que nous n'avons plus de fils.

En guise de réponse, mon mari marmonna quelque chose que je ne compris pas. Je me hâtai d'allumer le feu pour préparer du thé que je lui portai avec un biscuit. Mon beau-père avait l'air très fâché contre moi, mais qu'avais-je donc fait ? Je ne savais même pas que mon mari avait des parents : il n'avait jamais dit un mot à leur sujet.

Le père et le fils continuèrent à discuter, et moi je continuai à écouter. J'aurais tellement voulu prendre l'enfant et le mettre dans les bras de son grand-père, mais je ne savais pas si je pouvais le faire. Je me demandais comment il réagirait. Et s'il le repoussait ? Est-ce que je ne devais pas au moins essayer ? Finalement, j'allai chercher le bébé et je le lui mis dans les bras en disant :

— Votre fils a peut-être été injuste envers vous, mais pourquoi punir ce petit enfant innocent ? Prenez-le dans vos bras.

Mon beau-père sourit gentiment et sa colère s'évanouit. Alors je lui laissai l'enfant pour aller m'occuper du repas. Je mis du riz à chauffer et demandai à mon mari ce que je pouvais préparer. Il me répondit d'attendre, qu'il allait chercher du poisson.

Une fois qu'il fut parti, son père me demanda :

— Ma chère belle-fille, quand tu as épousé mon fils, personne n'a pensé à lui demander s'il avait une famille ? Ou bien est-ce que ton père a vu un homme seul et t'a tout de suite mariée à lui ?

— Baba, je ne sais rien de tout cela.

— Où est ton père ? Où habite-t-il ?

— Tout près. Vous pourriez peut-être y aller demain avec votre fils ?

— Quel âge a mon petit-fils à présent ? Est-ce que vous lui avez donné un nom ?

— Il a trois mois, et non, je ne lui ai pas encore trouvé de nom.

— Alors, nous l'appellerons Subal. J'ai six enfants, ajouta-t-il, et je n'ai encore marié que mon fils aîné ; il n'a que des filles, les unes après les autres. C'est très malheureux de ne pas avoir de fils. Mon fils cadet n'est pas encore marié et après lui, il y a ton mari. Sans doute ne sais-tu rien de notre travail. Nous sommes des potiers. Comment s'appelle ton père ?

— Il s'appelle Upendranath Halder.

— Ainsi vous êtes des Halder ?

Je murmurai un timide oui et il poursuivit :

— Est-ce qu'il vient ici voir son petit-fils ?

— Oui, mais très rarement.

Pour lui parler, j'avais incliné la tête et j'avais ramené mon sari sur le front. Ce jour-là, après avoir mangé, il fit remarquer à mon mari que j'étais une bonne cuisinière, bien que ma cuisine soit un peu épicée pour lui. Je fus soulagée de l'entendre dire cela et je compris qu'il n'était plus fâché contre moi.

Le lendemain matin, mon frère passa et lorsqu'il aperçut mon beau-père, il demanda :

— Didi, qui est-ce ?

Je lui répondis et entrai annoncer son arrivée.

— Où est-il ? Va l'appeler, va le chercher.

Il sortit précipitamment et invita mon frère à entrer, mais celui-ci répondit qu'il n'avait pas le temps, qu'il allait au marché. De retour à la maison, il dit à mon père que mon beau-père était là. Baba en fut très surpris. Il dit à Ma :

— Rani, ça veut dire que Shankar nous a menti quand il a dit qu'il n'avait plus de parents.

— Tant pis, répondit-elle, qu'est-ce qu'on peut y faire à présent ? Enfin, maintenant que nous le savons, allons voir son père.

Ils s'exécutèrent dans la soirée. Baba appela depuis l'entrée :

— Baby, on m'a dit que ton beau-père était là.

J'étais en train de faire la cuisine et mon beau-père était assis non loin, à boire son thé.

— Il est juste là, répondis-je, pourquoi n'entrez-vous pas ?

— Oh, dit mon beau-père, entre, mon frère ! Entre t'asseoir. Ma fille, va préparer du thé pour tes parents.

— Non, non, on a bu le thé juste avant de venir, protesta Baba.

Je savais que ce n'était pas la peine de faire du thé, que Baba ne le boirait pas, alors je fis semblant de ne pas entendre. Baba demanda à mon beau-père :

— Comment va ta famille ?

— Bien, merci, tout va bien. Dis-moi, comment se fait-il que vous autres, vous ayez marié votre fille sans nous prévenir ?

— Nous ne savions pas que les parents de Shankar étaient encore vivants. Il nous a menti, il nous a dit qu'il était seul au monde. Si nous avions connu ton existence, pourquoi ne t'aurions-nous pas informé ? Je n'aurais pas marié ma fille comme ça.

Puis, après un court silence, Baba demanda :

— Alors, est-ce que tu vas ramener ta belle-fille chez toi ?

— Non, pas encore. Il faut d'abord que je rentre pour annoncer la nouvelle à tout le monde. Sa mère aurait tellement voulu un mariage comme il faut, accueillir sa belle-fille à la maison… et regarde-moi ce gaillard : il a filé en douce et s'est marié.

— Mais maintenant que c'est fait, dit ma mère, je t'en prie, donne-leur ta bénédiction pour qu'ils puissent vivre en paix et dans le bonheur.

— Nous devons partir maintenant, dit mon père. Demain matin, j'enverrai mon fils. Viens donc chez nous avec lui.

Le lendemain, mon frère vint et repartit avec mon beau-père. Ma lui avait préparé un repas, il apprécia beaucoup sa cuisine – beaucoup plus que la mienne, m'avoua-t-il en rentrant. Il avait bien aimé leur maison et leur mode de vie. Il nous quitta le lendemain en promettant de revenir me chercher le mois suivant.

Je ne réussissais pas à trouver de nom pour mon enfant : son grand-père l'avait nommé Subal, mon mari l'appelait Budhan, mais je n'aimais ni l'un ni l'autre. Mon beau-frère suggéra Gautam, qui me plaisait bien, mais je décidai finalement de l'appeler Subotro, avec Babu pour surnom.

Un mois après son départ, mon beau-père revint me chercher. Dès qu'il arriva, il demanda à mon mari si je pouvais repartir avec lui :

— Comment veux-tu qu'elle parte aussi rapidement ? Il faut qu'elle prépare ses affaires, qu'on lui achète de nouveaux vêtements et ainsi de suite.

— Oui, mais je ne peux pas attendre trop longtemps. La récolte est prête et il faut que je rentre chez nous. Si elle vient avec moi, elle pourra s'occuper des tâches ménagères, et cela permettra à ta mère de nous rejoindre aux champs. Je ne compte pas sur l'aide de ta femme aux champs mais plutôt à la maison…

— D'accord, mais attends deux ou trois jours. Il faut aussi que je récupère de l'argent qu'on me doit. Dès que je l'aurai, vous pourrez partir.

Je comprenais l'impatience de mon beau-père. Là-bas, tout le monde devait être occupé et en plus, il y avait la récolte qui attendait. Il avait tout quitté pour venir me chercher parce qu'ils avaient besoin de mon aide. Je décidai alors de me préparer le plus vite possible. Je n'avais aucune idée de ce qu'ils attendaient de moi là-bas. Mais j'étais si heureuse, comme si on m'emmenait en voyage d'agrément ! Je me demandais quand même comment j'allais me débrouiller toute seule : avec qui pourrais-je discuter une fois là-bas ? Comment ferais-je pour parler de mes petits secrets, de ces petites choses qu'on ne peut raconter à des inconnus ? Et si je passais mes journées à m'occuper de la maison, qui prendrait soin de mon enfant ? En plus, je n'avais aucune idée de la durée de mon séjour.

Impulsivement, je courus chez mon père et demandai à Badima si elle pouvait envoyer quelqu'un pour m'accompagner dans ma belle-famille.

— Qui ça ? me demanda-t-elle.

Je lui proposai d'emmener sa fille cadette, que tout le monde appelait Mez-Budi. Badima accepta :

— Emmène-la, dit-elle.

Alors, je courus demander à Mez-Budi :

— Hé, Budi, tu viens avec moi ?

— Où ?

— Chez mes beaux-parents.

— Est-ce que Ma est d'accord ?

— Je lui ai demandé. Je reviens te chercher demain matin, donc tu ferais bien de te préparer ! Il faudra qu'on marche un peu, j'espère que tu y arriveras !

Mon beau-père m'avait dit qu'il faudrait faire cinq kilomètres à pied avant d'arriver chez lui. Cela me faisait un peu de souci, mais il avait ajouté :

— Je savais que ce serait difficile pour toi, alors j'ai demandé à ton beau-frère de prendre une charrette pour t'amener jusqu'à la maison.

Sandhya vint me voir avant mon départ, elle m'expliqua en détail comment je devrais me comporter dans ma belle-famille.

Le lendemain, je fus prête de bon matin. J'allai chercher Mez-Budi, mais elle était déjà à mi-chemin de chez nous ! Nous prîmes le bus ensemble. Quand il s'arrêta et que nous descendîmes, nous aperçûmes un homme qui attendait à côté d'une charrette. Mez-Budi me dit :

— Vite, couvre-toi la tête.

Je m'exécutai rapidement et nous montâmes dans la charrette. Pour moi, c'était la première fois. Les secousses faisaient mourir de rire Mez-Budi, et moi aussi je riais tout doucement dans mon *anchaal*. Mon beau-père nous suivait à bicyclette. La route était déformée par les ornières et les nids-de-poule, et lorsque la charrette roulait dessus, elle se mettait à cahoter et hoqueter. Mez-Budi trouvait cela si amusant qu'il fallut que je lui demande de se calmer et d'arrêter de rire. La route continuait, on n'en voyait plus la fin. Nous passions de village en village et je n'arrêtais pas de demander à mon beau-frère si c'était encore loin.

Enfin, nous nous arrêtâmes et mon beau-frère annonça :

— Regardez, il y a Jethima !

Je descendis prestement pour lui toucher les pieds.

— Viens, entre à la maison, dit-elle.

Ma belle-mère avait sorti un *charpai*. Avant de m'asseoir, j'allai toucher les pieds de chacun. Je remarquai que ma belle-mère cuisinait sur un feu de bois et commençai à m'inquiéter : j'avais toujours fait la cuisine sur du charbon, comment allais-je me débrouiller ? Au bout d'un moment, Jethima m'accompagna à la mare pour que je puisse me laver. J'étais si contente de voir de l'eau que j'avais envie d'y sauter directement et de nager, mais je me retins. Qu'allaient-ils penser ?

L'eau était belle, calme et claire comme du verre. Certains jours elle était tiède, mais d'autres elle était fraîche, et je trouvais n'importe quelle excuse pour me rendre au réservoir. Une fois dans l'eau, je sautillais et m'ébrouais comme une enfant. Les gens me demandèrent s'il n'y avait pas de réservoir près de chez mon père, et je leur répondis qu'il y en avait un, mais que l'eau n'y était pas aussi propre ni aussi claire. Un jour, mon beau-frère le plus jeune, Anil, me demanda si je savais nager. Comme j'acquiesçais, il me dit :

— Allons au réservoir et voyons qui réussira à le traverser le premier !

— D'accord ! lui répondis-je.

Le réservoir était assez large. Nous y entrâmes en même temps et commençâmes la course. Il abandonna à mi-chemin mais moi j'atteignis l'autre rive en un rien de temps ! Au bord, les gens étaient stupéfaits. Qui aurait cru qu'une fille de la ville puisse si bien nager ? D'autres remarquèrent que c'était la première fois qu'ils voyaient quelqu'un atteindre l'autre bord. Par la suite, certains vinrent même à la maison pour me parler. De nombreux voisins se mirent à interroger mon beau-père à mon sujet :

— Dis, est-ce que c'est ta belle-fille ou ta fille ? Elle ne se couvre même pas devant toi.

— Et alors ? C'est moi qui lui ai demandé de ne pas le faire. Je la considère comme ma fille.

En effet, c'était bien vrai : il m'avait dit de ne pas m'embêter à me couvrir devant lui. Il m'avait seulement priée de le faire devant les gens du village.

— Parce que c'est un village ici, et les gens n'ont pas l'esprit très ouvert, m'avait-il confié.

Les gens étaient curieux de savoir si une fille de la ville comme moi savait s'occuper d'une maison. Mon beau-père comme ma belle-mère les rassurèrent sur le sujet, et Jethima ajouta qu'elle me trouvait facile à vivre. Tout le monde était aimable avec moi et donnait l'impression de m'apprécier.

J'aimais bien la grande maison de mon beau-père, avec sa cour ouverte. Ils possédaient de vastes champs qui produisaient suffisamment de riz pour nourrir la famille toute l'année. Quand j'étais là-bas, je me levais la première ; je nettoyais et rangeais la maison, et je faisais du thé pour tout le monde. Pendant ce temps, les autres se levaient et se préparaient. Ils me faisaient souvent remarquer qu'avant mon arrivée, ils n'avaient jamais pu boire leur thé aussi tôt le matin. Ils me demandèrent si je ne pouvais pas rester un peu plus longtemps, mais je doutais que cela soit possible. En effet, je ne pouvais pas le leur dire, mais ma cousine n'était pas du tout heureuse chez eux et elle m'implorait de rentrer.

Si on me donnait une si grande importance, c'était aussi parce que j'avais un fils, et il recevait dans cette maison beaucoup d'amour et d'affection. Il y avait dans la famille une autre belle-fille plus âgée, mais les relations étaient un peu tendues entre elle et son mari, et on ne leur parlait pas gentiment. Ils vivaient à l'écart dans une pièce de la maison, et faisaient d'ailleurs la cuisine de leur côté. J'avais décidé de ne pas entrer dans la polémique familiale, aussi je parlais à tout le monde. Cela ne plaisait pas aux autres et ils me le firent clairement comprendre. Je les écoutai mais ne modifiai en rien mon comportement. Leur brouille provenait principalement d'une histoire d'héritage : mon beau-frère était d'avis que, puisqu'il avait rompu avec la famille, on devait lui remettre sa part. Le père pensait de son côté que tant qu'il était vivant, il resterait l'unique propriétaire et que les biens ne seraient pas divisés. Ils ne cessaient de se disputer à ce sujet.

En attendant, ma belle-sœur essayait de joindre les deux bouts en vendant les préparations culinaires qu'elle confectionnait à base de riz *mudi*. Cela me faisait de la peine de la voir vivre dans une telle pauvreté. Un jour où j'étais encore là-bas, le père et le fils se disputèrent violemment et le fils balança un coup au père. Cela me fit terriblement mal au cœur de voir ce spectacle. Je ne voulais plus rester. Quelques jours après l'incident, je demandai à mon beau-père s'il voulait bien me raccompagner : je lui dis que ma cousine voulait rentrer. Badima insista pour qu'il me laisse partir, car mon mari était seul et devait avoir besoin de moi. Mon beau-père dit :

— Je ne peux pas la laisser partir ainsi. Il faut que nous lui achetions de nouveaux vêtements. Sinon, que vont dire ses parents ?

Je lui dis de ne pas s'inquiéter pour ça, que mes parents ne le sauraient même pas.

Les jours passaient, et mon départ était sans cesse retardé. Un mois s'était écoulé depuis mon arrivée. Ils étaient heureux de m'avoir avec eux : je prenais en charge toutes les tâches ménagères, ce qui les laissait libres d'aller aux champs.

Un jour, ma cousine demanda à Anil s'il voulait venir marcher avec nous dans les collines.

— Mais vous allez réussir à grimper ? demanda-t-il.

— On n'a qu'à essayer ! répondit-elle.

Puis Anil se tourna vers moi :

— Allez, Boudhi, on y va !

Je n'étais pas sûre de pouvoir marcher aussi loin mais il insista :

— Bien sûr que tu vas y arriver !

Au début, la colline semblait très proche, mais plus nous avancions, plus elle donnait l'impression de s'éloigner. Nous y arrivâmes enfin. Elle avait à présent l'air si immense que je demandai comment nous allions nous y prendre pour la gravir. En plus, j'avais emmené mon enfant avec moi. Anil me le prit, pensant peut-être que je ne réussirais pas à monter avec le bébé dans les bras. Mais ma cousine et moi, nous nous mîmes à cavaler le long de la pente en laissant Anil loin derrière ! Lorsque nous atteignîmes le sommet, il nous héla :

— Boudhi, vite, descendez !

Comme il avait l'air effrayé, nous dévalâmes, trébuchant, tombant, mais à notre arrivée, il se tordait de rire. Je lui demandai :

— Qu'est-ce qui te fait rire ?

— Alors, vous avez eu peur des singes *langur* ? questionna-t-il.

— C'est ça que tu as vu ?

— Oh, mon Dieu, je suis sûr que vous avez vu des *langur* et regardez dans quel état ça vous a mises !

Il ne nous avait même pas laissé le temps d'admirer la vue de là-haut ni de voir les petites maisons éparpillées un peu partout. Et bien sûr, nous n'avions pas peur des *langur* : il y en avait tellement près de notre vieille maison à Dalhousie, ils arrivaient souvent jusqu'à notre porte !

Lorsque nous rentrâmes, tout le monde demanda si j'avais accompli l'ascension.

— Je pensais qu'elle n'y arriverait pas, dit Anil, mais elle a même réussi à me semer !

Ils furent tout surpris qu'une fille de la ville puisse l'emporter si facilement sur les filles de leur village. Ma belle-mère déclara :

— On dirait plus la fille de Manhar (mon beau-père) que l'épouse de son fils !

Je n'avais jamais connu de lieu aussi ouvert et vide. Tout était tellement dispersé que même pour acheter du sel il fallait faire presque un kilomètre avant d'arriver au magasin. Ce n'est pas que je n'avais jamais vu de village, j'en avais déjà vu, mais jamais comme celui-ci. Ce qui me surprenait le plus, c'était que j'aie réussi à passer un mois entier dans un tel endroit. Au début, je pensais que jamais je ne m'y ferais, mais au fil du temps, tout sembla devenir possible, et même que je sois capable de cuisiner sur un feu de bois. Les seules choses où je ne me débrouillais pas bien, c'étaient le travail aux champs et faire griller le *mudi*. Mes beaux-parents auraient été très contents de moi si j'avais réussi, mais je n'y parvins jamais !

Enfin arriva le jour du départ. Et ce fut Anil qui me raccompagna, à la place de mon beau-père. A notre arrivée, nous découvrîmes que tout avait changé. Notre maison n'existait plus, il y avait de nouvelles constructions à la place. A présent, la route passait à quelques mètres au-dessous de notre petite maison au lieu de passer devant, et la maison de Sandhya était mitoyenne de la nôtre. Nos vérandas se touchaient, il n'y avait entre elles qu'une fine cloison. La cour était petite, mais tout de même mieux que la précédente.

Depuis chez nous, on voyait très bien la maison de Shashti. Elles étaient trois sœurs, la plus âgée s'appelait Shitla et la cadette Tushu. Je m'entendais bien avec elles toutes mais j'étais plus proche de Shashti, dont le véritable nom était Pratima. Shankar n'aimait pas que j'aille chez elles, mais ça m'était bien égal. Je ne comprenais pas pourquoi cela lui posait un problème : pour moi, c'étaient des personnes tout à fait normales. Les trois sœurs étaient mariées, mais aucune ne vivait dans sa belle-famille. Shashti, qui avait un petit garçon un peu plus âgé que le mien, avait le teint clair et était séduisante, mais elle avait perdu un œil. J'aimais beaucoup ces sœurs : elles étaient gentilles avec tous ceux qui leur rendaient visite, quel que soit le rang de leur hôte.

Un jour, je demandai à Sandhya pourquoi cela ne plaisait pas à mon mari que j'aille voir Shashti et ses sœurs.

— Tu ne comprendrais pas, me dit-elle.

Et comme j'insistais, elle poursuivit :

— Est-ce que tu as remarqué qu'aucune ne vit avec son mari bien qu'elles soient toutes mariées ?

— Et cela en fait de mauvaises femmes ?

— Ecoute-moi, je vais te raconter leur histoire. Quand la sœur aînée de Shashti s'est mariée, elle a demandé à son mari si sa mère pouvait s'installer chez eux et il l'a fait venir. Peu après, Shashti et Tushu sont venues leur rendre visite et elles sont restées là-bas. Le beau-frère appelait sa belle-mère « Ma » et traitait ses belles-sœurs comme des sœurs. Il a organisé leurs deux mariages. Mais Tushu ne s'habituait pas à sa nouvelle demeure. Après la mort de son beau-frère, il lui est devenu difficile de supporter le poids de deux familles, et en plus, elle était très affectée par la relation qui se tissait entre la veuve de son beau-frère et le plus jeune frère. Elle a tenté de s'en expliquer, mais en vain, alors elle est rentrée chez sa mère où elle vit depuis.

Ensuite, l'histoire de Shashti : lorsque la première épouse de son mari est morte, il s'est remarié avec Shashti pour que quelqu'un puisse s'occuper de son petit garçon. Mais peu après leur mariage, il a quitté la maison en disant qu'il partait travailler et qu'il reviendrait quelque temps plus tard. Pendant son absence, elle lui a écrit plusieurs fois et de temps à autre il lui répondait. Un jour, il est revenu et il est resté presque une année. Puis il a ramené Shashti chez sa mère où il l'a laissée en lui promettant qu'il reviendrait sous peu pour la ramener chez eux. A l'époque, Shashti était enceinte. Il n'est jamais revenu.

Ainsi, c'était toute l'histoire. Cependant, je ne réussissais pas à comprendre en quoi les sœurs étaient fautives. Je savais que mon mari n'aimait pas que j'aille les voir, aussi, pour me rendre chez elles, je profitais de son absence. Je pensais qu'elles ne faisaient aucun mal, et en plus, elles étaient gentilles avec mon enfant et avec moi. Shashti et sa mère étaient toutes deux très croyantes et Shashti était souvent possédée par la *Devi*. Je me demandais comment elle aurait pu être mauvaise si elle était possédée par la *Devi*. Un après-midi, alors que j'étais chez elle, mon mari rentra tout à coup chez nous. La mère de Shashti me dit :

— Regarde, Shankar vient de rentrer, vite, retourne chez toi.

Je pris l'enfant et filai chez moi, morte de peur. Quand mon mari me vit, il ne dit rien, mais il m'attrapa violemment par les cheveux, me donna des coups de pied et me martela de ses poings. Puis il commença à crier et à me maudire :

— Espèce de putain, je t'ai interdit d'aller là-bas mais tu ne m'écoutes pas !

Il m'abreuva d'insultes et me roua de coups. Les gens qui passaient dans la rue voyaient ce qui se passait mais personne ne l'arrêta. En fait, je pense même que le spectacle en réjouissait certains. J'étais étendue au sol, muette, et mon enfant hurlait de frayeur. Mais tout cela ne m'empêcha en rien de retourner voir les sœurs.

Nos voisins racontaient sur ces femmes toutes sortes de choses que j'avais du mal à comprendre. Ils prétendaient que des hommes venaient les voir, et je me demandais où était le problème, car après tout, elles recevaient également la visite de femmes. Je refusais d'avoir envers elles des mauvaises pensées. Elles étaient des femmes comme moi et, en tant que femme, je n'ai jamais pu et ne pourrai jamais avoir ce genre de mauvaises pensées.

Il y avait un chef de village nommé Pratap qui leur rendait souvent visite, ce qui ne semblait pas porter atteinte au respect que les gens lui vouaient. En revanche, on ne jugeait pas les femmes de la même manière. J'ai souvent voulu demander pourquoi il en était ainsi, mais je ne me suis jamais résolue à le faire. Peut-être pensait-on les mêmes choses de moi. En fait, la plupart du temps, ce qui intéressait les gens, c'était de savoir qui sortait avec qui, la fille de qui s'était sauvée avec qui, la femme de qui parlait à qui, et ainsi de suite… La plupart d'entre eux étaient mesquins et ne supportaient pas que quelqu'un s'en sorte bien. Cela me rendait malheureuse car, d'après ce que je comprenais, si chacun faisait comme il l'entendait, de quel droit les autres pouvaient-ils critiquer ?

J'imagine qu'en vivant dans ce genre d'endroit, il était inévitable que je tombe sur un homme comme Ajit. Il habitait de l'autre côté de la rue et m'appelait Boudhi. Il était très agréable et ouvert avec tout le monde et jouait souvent avec mon fils, lui achetait des bonbons et des petits jouets à la boutique du coin. Mais bientôt, son comportement devint excessif et je finis par comprendre où il voulait en venir. Je tentai de lui demander de restreindre ses largesses pour éviter que les gens ne jasent. Mais il répondit que cela lui était égal et qu'il faisait ce que bon lui semblait. Plus j'essayais de l'empêcher de me parler, plus il me poursuivait. J'avais très peur que mon mari se méprenne et me le fasse savoir. Je me mis à le guetter, et dès que je sentais qu'il allait venir chez moi, je partais voir une voisine. Mais il était plus intelligent que je ne le pensais. Il traînait jusqu'à découvrir le lieu où je me trouvais, et aussitôt il se pointait. Et, alors que je n'avais commis aucune faute, je passais pour une mauvaise femme dans le voisinage tandis que lui s'en tirait à bon compte.

Mon mari me battit à plusieurs reprises et j'essayai de lui demander pourquoi c'était moi qui écopais plutôt que l'homme qui me harcelait. Après tout, au début, c'était l'ami de mon mari, et c'était lui qu'il venait voir. Je décidai finalement de ne plus me taire et chaque fois que mon mari me lançait des accusations, je me mis à répondre. Je détestais les mots qu'il employait ; je détestais recevoir des coups ; et je ne désirais qu'une chose, c'était plier bagages et m'enfuir. A plusieurs reprises, je me réfugiai chez Baba. Mais au bout de deux ou trois jours, Baba me ramenait et me laissait là.

Un jour, Baba vit Ajit traîner autour de la maison, il l'appela :

— Dis-moi, mon fils, qu'est-ce que tu veux ? Pourquoi viens-tu ici ? Tu ne te rends pas compte que c'est à cause de toi que cette pauvre fille subit tant de violence ?

— Mais son mari la battait déjà avant. Pourquoi dis-tu que c'est à cause de moi ?

— Oui, mon fils, je sais. Peut-être que ce n'est ni ta faute, ni la sienne. C'est peut-être tout simplement le destin. Je n'imaginais pas que ce bâtard de Shankar serait comme ça, il avait l'air tellement honnête la première fois que nous l'avons vu. Mais s'il te plaît, écoute-moi et ne l'approche plus.

Sur ce, il partit.

Par la suite, certains voisins allèrent voir le père d'Ajit et lui demandèrent, en des termes on ne peut plus clairs, de veiller à ce que son fils ne s'approche plus de moi ni de mon enfant. Cela fit son effet quelques jours, mais peu après, Ajit reprit ses vieilles habitudes. J'évitais jusqu'à son ombre et dès que je savais qu'il était à un endroit, je prenais soin d'aller dans la direction opposée, mais il attendait tout simplement l'occasion de poser le regard sur moi pour recommencer à me harceler. Quand j'allais quelque part, il était là, sur le chemin, à m'attendre ; si je changeais de direction, il était encore là. Parfois, j'étais si furieuse que je lui criais d'abominables insultes, dans lesquelles j'incluais même ses parents. Mais cela ne changea rien.

Un jour, Shashti et sa mère le firent venir chez elles afin de comprendre pourquoi il me courait après de cette manière.

— Ne vois-tu pas, lui dirent-elles, toute cette violence qu'elle doit affronter à cause de toi ?

— Vous ne pouvez pas imaginer à quel point je l'aime, répondit-il.

— Mais elle est mariée et elle a un enfant.

— Et alors ? Je l'aime quand même !

Le lendemain, Shashti me rapporta ces propos.

— Je vois. Il dit qu'il m'aime, et c'est comme ça que son amour se manifeste : il sait que je me fais battre, que c'est à cause de lui et ça ne lui fait rien ! Est-ce que c'est ça, l'amour ? A-t-il seulement idée de ce qu'est l'amour ? Je le hais et je lui crache dessus. Je t'en prie, dis-le-lui, Shashti : je ne veux plus poser les yeux ne serait-ce que sur son ombre !

Au lieu de renoncer, il devint encore plus assidu. Tout le monde tentait de lui faire entendre raison, mais il était inflexible. Certains prirent même l'initiative de le rouer de coups, mais le seul effet de cette explosion fut de rendre l'affaire publique et ceux qui l'ignoraient jusque-là étaient désormais au courant.

Ils commencèrent à débattre afin de savoir qui était le plus coupable : Ajit ou moi. Certains disaient, c'est la fille, d'autres, c'est le garçon. L'histoire devint un véritable spectacle.

Alors que régnait dehors tout ce raffut, je m'enfermai entre les quatre murs de ma maison pour pleurer. Je commençais à croire que j'avais peut-être fait quelque chose de mal, après tout : peut-être que tout était ma faute. Je savais qu'il y aurait des commérages et du coup, j'hésitais même à sortir de chez moi parce que je ne savais pas comment les affronter. Mais bien sûr, je n'avais pas vraiment le choix. Il fallait que je sorte, j'avais beaucoup de choses à faire. Pendant tout ce temps, je me disais que si c'était ça que la vie me réservait, je ferais mieux de partir. Je passai toute une journée à m'interroger. Mon fils avait trois ans et j'étais enceinte de quatre mois. C'était déjà difficile d'élever un enfant dans ces conditions, alors ne parlons pas de la perspective d'en avoir un autre !

Un jour, les garçons du quartier récoltèrent dans chaque foyer quelques roupies afin d'acheter une vidéo. Quand je vis que tout le monde contribuait à l'achat, je leur donnai aussi un peu d'argent. J'aimais beaucoup regarder des films et des *jatra*, et ce jour-là, en prévision, je finis rapidement mon ménage. Lorsque mon mari rentra, je lui demandai s'il voulait que je lui apporte son repas, mais il me répondit qu'il n'avait pas faim. Le temps passait et il refusait toujours de manger. Je lui proposai à nouveau son repas et lui annonçai que je voulais aller voir un film. Il me répondit qu'il n'en était pas question. Alors je lui demandai pourquoi. Puisque tous les voisins y allaient, je pouvais bien y aller moi aussi, je pourrais rentrer tôt s'il le voulait. Je ne voyais pas ce qu'il y avait de mal, mais il refusait toujours. J'étais tellement en colère que je lui vidai mon sac. Puis je me calmai. Mais je n'allai pas au cinéma.

Le lendemain, les voisines abondaient de commentaires sur le film, disant combien il était réussi, et l'une d'entre elles se retourna pour me demander pourquoi je n'étais pas venue. Cela me rendit furieuse et triste à la fois. Je me demandais ce que j'avais fait pour mériter cela, pourquoi ma vie était privée de toute joie. Je me disais que dans certaines familles, le mari et la femme s'entendaient bien et étaient heureux. Ces gens-là devaient avoir une vie merveilleuse. Est-ce que la mienne ne serait qu'une bobine de souffrances qui se déroulerait à l'infini ? Mais c'était comme si Dieu demeurait sourd à mes vœux.

Soudain, Ajit se remit à traîner autour de chez moi. Le jour où je le vis, je me précipitai à l'intérieur. Mais un autre jour où j'allais chercher de l'eau, il surgit devant moi et cette fois-ci, mon mari le vit également. Comme je rentrais poser le seau, il me demanda :

— Tu parlais avec lui ?

— Non, je marchais juste sur le chemin. Tu crois vraiment que les gens vont arrêter de passer par là à cause de moi ? Pourquoi est-ce que ça devrait me déranger qu'il passe par là, lui ou n'importe qui d'autre ? Et si tu es aussi suspicieux avec moi, imagine ce que vont dire les voisins !

Puis, un jour, la mère de Shashti me fit venir chez elle. Quand j'arrivai, je me rendis compte que mon mari m'avait suivie. Il ne demanda rien à personne. Sans un mot, il ramassa une pierre et me la jeta à la tête. Elle m'ouvrit le front et le sang jaillit. Je restai debout, sans bouger. La mère de Shashti se mit à l'injurier haut et fort :

— Quel besoin as-tu de la frapper comme ça, est-ce que tu vois un homme en train de lui parler ? Ici, il n'y a que des femmes et elle, c'est juste une gamine. Elle est à peine arrivée que tu lui tombes dessus et tu lui ouvres la tête !

Se tournant vers moi, elle ajouta :

— Je ne sais pas comment tu peux vivre avec cet homme. N'importe quelle autre femme l'aurait plaqué depuis longtemps.

Je pris tranquillement mon enfant dans mes bras et rentrai chez moi. Tout ce que je demandai à mon mari fut de m'expliquer ce que j'avais fait pour être ainsi battue. A peine avais-je fini de parler qu'il ramassa un solide bout de bois et se mit à me frapper dans le dos. Un peu plus tard, je ressentis une douleur aiguë dans le ventre. Dans la soirée, le mal était devenu insupportable, je me mis à gémir et pleurer en appelant mon père et ma mère. La douleur était si violente que je ne pouvais ni rester assise ou debout, ni bouger. Toute la nuit, je hurlai de douleur pendant que mon mari continuait à dormir comme un bébé. Soit il n'entendait pas mes pleurs, soit il ne voulait pas s'en soucier. Je criais que j'allais mourir, mais cela le laissait indifférent. Je le suppliai d'appeler quelqu'un. Je lui dis que même pour mon accouchement je n'avais pas ressenti de telles douleurs, mais il se contenta de répondre :

— Qui pourrais-je bien appeler à cette heure de la nuit ?

Il se retourna et se rendormit.

Finalement, je pris mon enfant, m'enserrai le ventre en criant de douleur, et allai à la maison d'en face demander à Mahadev, le propriétaire, s'il pouvait avertir mon frère de mon état. Je le suppliai, l'implorai, lui dis que je ne pouvais plus supporter la souffrance, que s'il n'y allait pas, j'en mourrais…

— Je ne sais même pas où se trouve la maison de ton frère ! me dit-il.

— Emmène mon fils avec toi : il connaît le chemin.

Alors cet homme prit mon fils par la main et alla chercher mon frère. Une fois là-bas, il lui annonça que j'étais très souffrante et le pria de venir vite avec lui.

— Mais que fait Shankar ? demanda Dada.

— Qu'est-ce que tu crois ? Il dort à poings fermés !

Mon frère arriva, me mit dans une *thela* et m'emmena. Il était deux heures du matin. A cette heure de la nuit, aucun dispensaire n'était ouvert. Impossible de trouver un seul médecin dans tout Durgapur. Alors, Dada me conduisit chez lui et m'allongea. Ma Boudhi se mit à me masser le ventre avec des huiles mais la douleur ne cessa pas. Je souffrais tellement que j'avais envie de lui donner des coups à elle et à tous ceux qui m'entouraient. Je ne savais plus quoi faire. A cette heure de la nuit, ma pauvre Boudhi alla de maison en maison et elle se débrouilla pour trouver une potion qui aurait dû être efficace, mais qui n'eut aucun effet non plus. Puis Dada amena à la maison un de ses amis qui s'appelait Sachin. Il me tâta le ventre, puis sortit avec mon frère. Quelques instants plus tard, Dada appela également Boudhi. Quand elle rentra, elle me demanda quand j'avais eu mes dernières règles et je lui répondis que ça faisait quatre mois. Puis elle me demanda si j'étais tombée ou si je m'étais blessée quelque part. Comme je lui répondais que non, elle voulut savoir comment je m'étais fait mal au ventre. Alors je lui racontai que son beau-frère m'avait battue la veille et que depuis, je ressentais cette douleur atroce.

— Tu portes un enfant, mais il ne survivra pas. Sachin va te donner un médicament : il fera son effet dans cinq minutes.

Mais au lieu des cinq minutes, quinze s'écoulèrent et le médicament ne faisait toujours aucun effet. Alors Sachin commença à s'inquiéter. Il demanda à mon frère de me conduire rapidement à l'hôpital :

— Nous n'arriverons pas à la sauver, elle va mourir si tu ne l'emmènes pas à l'hôpital.

Dada aussi commençait à paniquer, il fit quelques rapides préparatifs pour me conduire à l'hôpital. Boudhi m'aida à m'asseoir. Tout à coup, j'eus comme l'impression que quelque chose sortait doucement de mon corps. La peur me donna le vertige. Les yeux de Dada s'arrondirent d'effroi et je réalisai qu'aucun son ne pouvait plus sortir de ma bouche. Quoi que je fasse, aucun mot ne sortait : je n'arrivais qu'à gémir de douleur. Je voyais Dada et Boudhi debout au pied du lit et j'entendis Sachin leur dire :

— Ce qui devait arriver est arrivé, il faut maintenant la mettre sur un autre lit.

Il se tourna vers Boudhi et lui demanda de me donner un thé bien chaud. Il me demanda comment je me sentais. Je n'avais pas envie de parler mais j'essayai tout de même : j'ouvris les yeux avec peine, je tentai de leur dire quelque chose mais les mots ne pouvaient sortir. Ensuite ils me portèrent pour m'allonger sur un autre lit. Dada et Sachin enlevèrent la pauvre chose qui était sortie de mon corps pour aller la jeter dans la jungle. Le lendemain matin, Boudhi se réveilla extraordinairement tôt pour aller laver les draps souillés de sang et je m'acheminai péniblement avec elle. Mon corps n'avait plus de forces, mais je savais que c'était une chose que je devais faire. J'attendis qu'elle tire de l'eau du puits et, avec peine, je lavai les draps.

Je passai la journée dans une espèce de brouillard. Mon mari ne se montra pas. Vers cinq heures, il envoya notre fils prendre des nouvelles. Quand il me vit, mon fils me dit :

— Ma, s'il te plaît, rentre à la maison.

Quelle ironie que mon mari n'ait pu trouver son chemin jusqu'à moi quand mon petit garçon avait traversé tout un quartier et retrouvé le chemin jusqu'à sa mère ! Les voisins eux-mêmes en firent la remarque quand ils l'apprirent. Eux aussi le blâmèrent d'avoir dépêché le petit si tard – c'était bien beau de l'envoyer maintenant, mais si j'étais morte dans la nuit ? Boudhi m'annonça que mon beau-père était arrivé et avait suggéré que je rentre chez moi pour le voir. Lorsque j'arrivai, j'appris que mon beau-père était venu me chercher pour que j'assiste à un mariage dans la famille.

Je décidai d'y aller. La maison de ma belle-famille était pour moi un havre de paix. Nous partîmes donc, voyageant de la même manière que la fois précédente. Chez mes beaux-parents, un flot constant de personnes venait me voir, comme si j'étais une jeune mariée. Et nous discutions inlassablement. J'avais l'impression qu'ils aimaient bien ma façon de parler, même si nos dialectes étaient assez différents et que de nombreux mots ne se prononçaient pas pareil. Leur manière de s'exprimer et de se conduire me plaisait beaucoup.

A présent, tous les jeunes garçons étaient mariés dans ma belle-famille et je pus me rendre compte que, où que j'aille, j'étais la belle-sœur qui recevait le plus grand respect. Par exemple, mon beau-père savait que je n'aimais pas manger des *chapati* le soir, alors il avait demandé à ce qu'on me donne du riz à la place. Parfois il disait même que si je voulais du riz trois fois par jour, il fallait m'en donner ! Malgré la bienveillance et l'attention que je recevais dans cette maison, chaque fois que j'y allais, au bout de deux à trois mois, il se produisait quelque chose qui me forçait à retourner chez moi. Et quand je partais, c'était comme si je quittais ma propre maison, car j'y étais davantage considérée comme la fille de la famille que comme la belle-fille. Je n'étais pas la seule à être triste : les autres pleuraient aussi de me voir m'en aller, j'avais l'impression de quitter des gens pour qui je comptais. Mais il fallait partir, que ce soit aujourd'hui ou demain, car je savais que je ne pouvais pas rester indéfiniment chez eux. Mon beau-père n'était pas riche et pour joindre les deux bouts, tout le monde était obligé de travailler aux champs. Dans ces conditions, pourquoi étais-je la seule à avoir le droit de rester à la maison ? D'autre part, je ne pouvais pas aller travailler aux champs parce que je ne connaissais rien à l'agriculture ni aux travaux qui s'y rapportent.

J'étais rentrée chez moi depuis peu de temps quand Ma et Baba arrivèrent de Durgapur pour m'emmener avec eux. Comme je ne pouvais pas tout laisser tomber pour partir aussitôt, je leur dis que je viendrais plus tard de mon côté : ils n'habitaient pas loin, on pouvait y aller à pied ou en bus pour trois roupies. Ils me firent promettre de venir et Baba me dit qu'à l'occasion de la *puja* de Durga, il avait acheté un tas de nouveaux vêtements pour nous, comme il le faisait chaque année. Au retour, Baba emmena Boudhi avec eux et elle leur raconta comment mon mari m'avait si violemment battue que j'avais failli mourir. Quand j'allai chez eux, ils me dirent :

— A partir de maintenant, tu peux rester là, tu n'as plus besoin de repartir.

Un mois plus tard, j'y étais encore et mon mari n'avait pas fait la moindre tentative pour prendre de mes nouvelles. Je n'avais nulle part où aller : je ne voulais pas retourner chez moi et il me devenait de plus en plus difficile de rester chez Baba. De désespoir, je lui demandai d'aller chez Pishima. Il accepta immédiatement et deux jours plus tard, quand il eut reçu son salaire, il acheta des billets de train pour mon fils et moi et nous accompagna. Il fallait aller de Durgapur à Jalangi. Baba m'avait donné cent roupies et j'avais déjà à peu près la même somme sur moi.

J'allai d'abord chez ma vieille Pishima. Ce n'était plus la personne que j'avais connue. Elle n'était pas coiffée, ses cheveux étaient tout emmêlés. Ses cinq fils étaient à présent tous mariés et vivaient séparément dans leur immense maison. Elle habitait avec le plus jeune d'entre eux mais mangeait indifféremment chez l'un ou l'autre : en effet, le premier qui préparait le repas devenait son hôte pour la journée. Ils m'aimaient tous beaucoup et quand j'arrivai, ils me demandèrent si j'étais venue seule.

— Notre beau-frère n'est pas avec toi ? Comment a-t-il pu te laisser venir toute seule ?

— Pourquoi, demandai-je, cela pose un problème que je vienne sans lui ? D'ailleurs, je viens de chez Baba, et Shankar ne sait même pas que je suis là.

— Mais il ne va pas se fâcher quand il le saura ?
me demanda une de mes belles-sœurs.

— Sans aucun doute. Mais qu'est-ce qu'il va faire ?
Crier ? Dire à tout le monde qu'il se chargera de me
battre quand il en aura l'occasion ? Que peut-il faire
d'autre ? Je ne veux plus vivre avec lui.

— Tu veux dire que ton père t'a mariée sans se préoccuper de savoir si ce serait un bon mari ?

— Oui, c'est exactement ça. Il passait son temps à
dire qu'il me marierait au premier venu et c'est précisément ce qu'il a fait. Il n'a pris aucun renseignement.
Un jour, Ma est venue le voir, elle lui a dit : « J'ai
trouvé un garçon, tu veux lui donner ta fille ? » et aussitôt Baba a accepté.

— Que vas-tu faire maintenant ? me demanda
l'aînée de mes cousines.

— Je ne veux pas retourner chez lui. Je préfère rester seule. J'ai un enfant, je le garde avec moi et je vais
chercher du travail.

Il y avait une femme qui écoutait mon histoire.
Elle était aisée et habitait une maison du voisinage.
Elle dit :

— C'est le destin. Ce qui t'est arrivé était écrit : le
mariage, puis un enfant alors que tu es si jeune…

Mais Pishima rétorqua que si on devait s'en
remettre au destin, alors pourquoi Dieu nous avait-il
donné des mains, des oreilles, et toutes nos autres
facultés ?

J'étais chez Pishima depuis quinze ou vingt jours
et tout se passait bien. Dans la famille, on prenait
soin de mon enfant, et moi j'avais même réussi à aller
voir deux ou trois films avec mes belles-sœurs. Mais
maintenant, je voulais aller chez mon autre Pishima,
la plus jeune, qui habitait à quelques kilomètres de là.

Alors un jour ma vieille Pishima m'accompagna et mon autre Pishima fut vraiment heureuse de me voir. Elle prit mon fils dans ses bras et se mit aussitôt à lui parler et à jouer avec lui. Elle me dit :

— Tu ne m'as pas donné de nouvelles, où étais-tu pendant tout ce temps ? Je ne savais même pas que tu étais mariée, que tu avais un enfant... rien.

Comment quitter un foyer où on reçoit autant d'amour et d'affection ? Mais que faire ? Je ne pouvais pas continuellement vivre aux dépens de ces gens si accueillants. Quand j'y repense aujourd'hui, je me souviens que Pishima prodiguait à mon fils la même sorte d'amour qu'elle nous offrait lorsque nous étions petits. Mes deux tantes adoraient mâcher des *paan*, bien que la plus jeune des deux en prît davantage que l'autre : elle avait toujours au coin de la bouche un petit reste de salive rouge qu'elle essuyait constamment du coin de son sari. Elle avait le teint assez clair, mais sa peau était marquée par la variole. La famille n'était pas riche – mon oncle était un petit marchand de poisson – mais je recevais tant d'amour de ma tante que je la considérais presque comme ma mère.

Après avoir passé une semaine chez Pishima, je demandai à aller voir Chacha, mon oncle le plus jeune à Karimpur. Pishima m'accompagna à l'arrêt de bus. Mon oncle de Karimpur jouissait d'une situation bien meilleure que les autres : il possédait un restaurant et une boutique de friandises, et son fils aîné avait un magasin de magnétophones et radios. Leur maison était grande, confortable et ils mangeaient bien. Mais parfois, je me disais, à quoi bon tout cela s'il n'y a pas un petit peu d'amour pour moi au fond de leur cœur ? Je n'étais chez eux que depuis quelques jours lorsque Baba vint me chercher. J'entendis mon oncle demander à mon père pourquoi il m'avait mariée avec une telle hâte :

— Après tout, ce n'est encore qu'une enfant, pourquoi t'être précipité ? Et puis, pourquoi ne pas nous en avoir parlé ? Le mariage n'est pas un jeu, tu sais. Traditionnellement, on consulte au moins cinq familles avant de prendre une décision, et on reçoit l'avis de cinq aînés… Toi, tu n'as rien demandé à personne. Tu n'as invité personne, donné aucune information, aucune nouvelle, rien ! Tu as fait comme tu as voulu et à présent, qui est-ce qui est obligé de supporter les conséquences de tes actes ? Ce n'est pas toi mais cette pauvre enfant ! De toute façon, il n'y a plus rien à faire maintenant, tu n'as plus qu'à renvoyer ta fille chez elle.

Baba ne trouva rien à redire. Tôt le lendemain, il me fallut me mettre en route avec lui. Ensemble, nous allâmes au *panchayat* où les anciens se réunissaient pour arbitrer les disputes et rendre leur verdict, et Baba envoya un mot à mon mari pour qu'il vienne. On convoqua également cinq anciens et, les prenant à témoin, Baba dit à mon mari :

— A partir de maintenant, tu devras veiller à ce que ma fille ne soit plus obligée de quitter son foyer. Tu vas promettre de lui procurer tout ce dont elle a besoin et de faire en sorte qu'elle ne soit plus contrainte de s'enfuir.

Sur ces mots, il partit. J'étais anéantie. Au retour de Karimpur, j'avais expliqué de mon mieux à Baba les raisons pour lesquelles je ne voulais plus vivre chez moi. Quant à lui, il avait utilisé toutes sortes d'arguments pour me faire comprendre que je devais rentrer. Je finis par capituler. Je me disais que si tous pensaient que je devais rentrer, c'est qu'ils devaient avoir raison. N'empêche que…

Je rentrai donc chez moi avec mon mari. A ma grande surprise, je découvris que nous étions dans une autre maison. Il avait vendu l'ancienne à Sandhya et la nouvelle se trouvait un peu plus au centre du quartier. Ce que je redoutais s'était produit. Je n'avais aucune envie de vivre dans ce quartier surpeuplé : en fait, j'aurais préféré que nous déménagions ailleurs. Ici, certaines personnes me parlaient, d'autres pas. Mais pour moi, cela faisait peu de différence. Je me disais que je parlerais à ceux qui m'adressaient la parole et pas aux autres. Toutes sortes de gens bizarres vivaient là. Il y avait par exemple un homme qui s'appelait Kans et dont la femme se détournait chaque fois qu'elle me voyait. Je ne sais pas ce qu'elle s'imaginait, mais je pense qu'elle craignait que j'essaie de séduire son mari alors que je n'avais jamais ne serait-ce que jeté un œil sur lui. Chaque matin, elle l'accompagnait au coin de la rue quand il partait au travail, et quand c'était l'heure, elle allait l'attendre sur le chemin du retour. Je trouvais son comportement très étrange.

Mais il y en avait une autre, la mère d'un garçon qui s'appelait Bapi, dont l'attitude avec moi était bien différente. Je l'appelais Kakima. Elle était amie avec la femme de Kans et souvent essayait de la convaincre que je n'étais pas celle qu'elle croyait :

— Vous l'avez tous condamnée à cause de ce type, Ajit ! disait-elle.

Mais cela ne servait à rien et, comme elle prenait ma défense, la pauvre Kakima devait en entendre de toutes les couleurs.

Le temps passa et je me retrouvai à nouveau enceinte. Par ailleurs, je voulais envoyer mon fils à l'école, et cela me souciait : je me demandais comment nous allions nous débrouiller. Nous réussîmes finalement à le mettre dans une école, mais ce ne fut pas facile. Mon mari ne m'était d'aucun secours. Il avait pris l'habitude de donner de l'argent à notre fils, dès son plus jeune âge. De temps à autre, il lui donnait cinquante paisas, l'enfant prenait l'argent et filait au magasin. A cause de cela, il manquait souvent l'école, ce qui provoquait de nombreuses disputes entre nous. L'enfant devenait une pomme de discorde et je suis bien la seule à savoir combien son comportement m'a fait souffrir…

Une fois, alors que notre fils n'avait que trois ans et que je l'allaitais encore, mon mari et moi avions eu une dispute. Il me frappa et me jeta dehors, m'interdisant de jamais revenir. Comme je partais, il m'arracha l'enfant des bras et peu après l'envoya chez son plus jeune frère. Je m'étais réfugiée chez mon père mais il m'était impossible d'arranger quoi que ce soit. Mon enfant me manquait tellement, je passais mon temps à me faire du souci pour lui. Baba amena ma petite nièce et me la mit dans les bras, s'imaginant que comme c'était aussi une enfant, sa présence pourrait me consoler. Mais cela ne servit à rien. Finalement, je partis retrouver mon fils et lorsque j'arrivai chez mon beau-frère, je le trouvai là, en train de jouer gaiement avec les autres enfants ! J'appelai doucement : « Babu », il leva les yeux et me vit. En un instant, il s'élança dans mes bras comme un petit oiseau et avec ses petites mains, il attrapa mes seins pour essayer de téter. Je l'emmenai avec moi jusqu'au temple qui se trouvait de l'autre côté de la route et le fis téter. Comme nous étions assis, une fille de quinze ou seize ans s'arrêta pour nous regarder. Elle me demanda si j'étais la mère de l'enfant mais je ne lui répondis pas, car je pensais que cela conduirait à d'autres questions ; donc je demeurai silencieuse. Il y eut bientôt d'autres jeunes filles, parmi lesquelles la femme de mon beau-frère. Elle me dit :

— Didi, n'emmène pas le petit. Son père nous l'a confié en nous recommandant de ne pas le laisser partir, et il nous a également dit que si tu venais, nous ne devions pas te laisser le reprendre.

— Pourquoi, répondis-je avec colère, est-ce que cet enfant n'appartient qu'à lui ? Regarde-le ! Ce n'est qu'un bébé ! Il tète encore. Comment pouvez-vous le garder ? Avez-vous idée de ce que j'endure sans lui ? Et qu'est-ce que vous y gagnerez de le séparer de sa mère ?

Mais elle n'était pas disposée à entendre raison et finit par m'arracher l'enfant des bras. Lui ne voulait pas plus se séparer de moi que moi de lui. Je restai là. Au bout d'un moment, mon fils ressortit de la maison et une des filles qui étaient restées avec moi dit à la femme de mon beau-frère :

— Pourquoi ne lui donnes-tu pas le petit ? C'est sa mère après tout. Comment veux-tu qu'elle vive sans son enfant ?

Mon fils me vit et il se précipita vers moi. Je le pris et commençai à m'éloigner. Très vite, je m'aperçus que son oncle nous suivait. Je me mis à accélérer le pas en priant pour qu'un bus arrive et que nous puissions y monter, mais il n'y en avait pas en vue et bientôt nous fûmes rattrapés. Lorsqu'il me fut arraché, mon enfant se mit à hurler et à pleurer. Je sentis ma poitrine éclater de colère et de douleur. En rentrant chez moi, triste et esseulée, mes yeux ruisselaient de larmes. Quand j'arrivai là-bas, tout ce que me dit Baba fut :

— Alors, ils ne t'ont pas redonné le petit, hein ?

Ma se tourna vers lui :

— Elle ne pourra pas survivre sans son enfant…

Et ils avaient raison. Je ne pouvais pas vivre sans lui et je fus bien obligée de retourner chez mon mari.

A cette époque-là, j'étais pratiquement à terme et rongée d'inquiétude : qu'allais-je faire avec un deuxième enfant alors que nous avions tant de mal avec un seul ? Les douleurs de l'accouchement duraient depuis presque trois jours et il n'y avait personne pour me conduire à l'hôpital. Lorsque cela arriva aux oreilles de Baba, lui et Ma vinrent me voir et Baba se mit à crier après mon mari, en lui demandant s'il avait décidé de me tuer. Il y eut une grosse dispute. Mon mari se drapa dans son *lungi* et se rua sur Baba comme s'il allait le frapper. Il lui cria :

— Ne vous mêlez pas de nos affaires !

Baba et Ma ne dirent pas un mot. Ils se contentèrent de partir. Deux ou trois jours plus tard, Baba revint. A ce moment-là, les douleurs s'étaient accentuées, j'étais pratiquement à l'agonie. Une de nos voisines était avec moi. Elle dit à Baba qu'il ferait bien de m'emmener avec lui :

— Votre fille souffre horriblement depuis quelques jours.

Alors Baba appela un rickshaw et me conduisit à l'hôpital. Quand il me laissa là-bas, je lui demandai d'un ton plaintif :

— Baba, est-ce que je vais en sortir vivante ?

Je pensais au beau-frère de Shashti qui était allé se faire soigner à l'hôpital et y était mort. Baba vit couler les larmes sur mes joues :

— Ne pleure pas, mon enfant, tout va bien se passer. Après tout, il y a un Dieu, tu ne crois pas ?

Mais dans la salle d'accouchement, la vue de tous les instruments affûtés me terrifia.

— Ne me découpez pas ! suppliai-je les docteurs.

Ils se moquèrent de moi. Puis, comme la fois précédente, ils m'attachèrent les mains et les jambes au lit. Je poussai des cris, je hurlai et m'évanouis de peur.

Mon deuxième enfant vit le jour à dix heures du soir. Je ne me réveillai que vers minuit et constatai que j'étais dans une autre pièce, le bébé endormi à mes côtés dans un petit couffin. Je ne savais pas si c'était une fille ou un garçon. Doucement, je réussis à sortir du lit et découvris que j'avais eu un autre garçon. Je ne savais pas quoi faire. Dieu m'avait donné un autre garçon, mais j'aurais tellement voulu avoir une fille ! Au matin, mes voisines de lit m'apprirent que l'enfant était assez gros ; certaines dirent même qu'il avait presque la taille d'un bébé de six mois ! Quand il vint me voir, le docteur m'informa que Baba lui avait demandé de me ligaturer les trompes, mais que cela n'avait pas été possible parce que j'étais trop faible. Il me dit aussi que l'enfant pesait trois kilos dix.

Ma et Baba vinrent le lendemain et Baba était transporté à l'idée d'avoir un nouveau petit-fils ! Il prit l'enfant dans ses bras et se mit à lui parler en faisant toutes sortes de petits bruits de bébé et lui murmurant « *sala, sala* ». Pendant que je mangeais, le docteur prit Baba à part : il voulait l'informer qu'il ne pourrait pas m'opérer avant un mois, le temps que je reprenne des forces et à condition d'avoir une bonne alimentation.

Je rentrai chez Baba. Au bout de cinq jours, je me sentis plus forte. Le cinquième jour était jour de fête, c'était la *puja* de Vishwakarma, mais je n'y assistai pas. Je me baignai, m'habillai, pris mon enfant et retournai chez moi. J'étais très inquiète pour mon fils aîné, je ne voulais pas que ses études soient perturbées. Cela avait été difficile de l'inscrire à l'école et je ne voulais pas gâcher cette chance. Je tenais à ce qu'il puisse étudier et avoir une bonne instruction, ainsi que mes autres enfants par la suite.

Plusieurs voisines vinrent à la maison voir le nouveau bébé. L'une d'elles, la mère de Shibu, dit en le voyant :

— Mon Dieu, comme il est grand, on dirait qu'il a six mois !

J'étais vraiment troublée. Ces gens colportaient tout un tas de ragots à mon sujet, et maintenant, les voilà qui se mettaient à en faire autant avec mon enfant. Aussi, afin de conjurer le mauvais sort, je pris le petit doigt de la main gauche de mon bébé, le mordis, et crachai ensuite sur son corps en sifflant : « *Thoo, thoo...* »

Malgré cela, il lui arrivait tout le temps quelque chose. Je faisais souvent venir un voisin qui s'appelait Sitaram. C'était comme un frère pour moi, et il était assez versé dans l'ésotérisme et la sorcellerie. Tous ses tours y passaient pour essayer d'éloigner les mauvais esprits, et à chaque fois j'espérais que le bébé irait mieux, mais ce n'était pas le cas. La maladie persistait, parfois même elle empirait. Quand je lui en parlais, son père n'y prêtait aucune attention. Au bout du compte, c'était toujours à moi de trouver les médicaments, de les payer, de me débrouiller pour tout. Est-ce que j'avais le choix ? Mes parents m'avaient liée à cet homme. La seule chose positive que je pourrais peut-être dire de lui, c'est qu'il ne priva jamais les enfants de son amour et qu'il ne leva jamais la main sur eux. Toute sa violence et son agressivité m'étaient réservées.

Avec deux enfants à nourrir, notre situation financière prit un tour critique. Je commençais à penser que si je m'arrangeais pour gagner un peu d'argent, cela améliorerait le quotidien et assurerait l'éducation de mon fils. Je réfléchis donc à la question et j'en parlai aux voisins : je leur proposai d'envoyer leurs enfants chez moi, je leur donnerais des cours, et mon fils étudierait avec eux. De cette manière, je pourrais gagner un peu d'argent et faire des économies. Petit à petit, les gens se mirent à me confier leurs enfants. Certains payaient dix roupies par mois, d'autres vingt, et c'est ainsi que je réussissais à rassembler quelque deux ou trois cents roupies à la fin du mois. Comme j'aurais dû m'y attendre, lorsque mon mari se rendit compte que j'avais un peu d'argent, il réduisit la somme qu'il me donnait pour les dépenses du ménage. Néanmoins, cela me plaisait d'enseigner et les enfants m'aimaient beaucoup. Certains m'appelaient Boudhi, d'autres Kakima ou Didi, aussi je décidai que même si cela ne me rapportait rien, je ne laisserais pas tomber l'enseignement.

Les années passaient. Mon fils aîné était à présent au CM1 ou CM2. Les filles de ma tante Kakima me rendaient parfois visite. Un jour, elles vinrent en compagnie d'un homme que je n'avais jamais vu. Elles me dirent :

— Regarde, on t'a amené Dulal.

— Qui ?

— Comment ? Tu ne te souviens pas de Dulal ? C'était ton voisin quand tu vivais dans cette maison que ton père louait aux Mani. Vous jouiez tout le temps ensemble.

— Ah oui, je me souviens, ce garçon qui n'avait ni bouton, ni ceinture, ni fermeture, rien pour attacher son pantalon ! Il le faisait toujours tenir avec une ficelle ! Et les Mani qui l'appelaient « Jaamai ! Jaamai ! » C'est celui-là ?

Soudain, tout me revenait ! Comme nous avions pu rire ensemble, comme nous nous amusions ! Dès que Baba partait au travail, je filais comme une flèche jouer avec lui. De temps en temps, nous avions un peu peur que mon père revienne, nous trouve ensemble et nous gronde. Il n'aimait pas que je joue, et si en plus il me voyait m'amuser avec un garçon, ce serait la fin du monde ! Et cet idiot de Dulal qui n'aimait que la compagnie des filles !

Il habitait avec son frère et sa mère, près de la maison de Badima. Au début, il passait chez nous avec les filles de Badima, puis petit à petit, il a commencé à venir tout seul. J'étais contente de le voir, souvent je lui faisais du thé ou un petit quelque chose à manger. Il aimait les enfants et c'était réciproque, et les jours où il ne venait pas, les gamins faisaient tout un tas d'histoires et me cassaient les pieds pour savoir où il était. Je savais ce qu'ils ressentaient. Je me souviens que, quelques années plus tôt, j'éprouvais exactement la même chose lorsque nous jouions à cache-cache : parfois, il m'oubliait complètement et rentrait chez sa mère tandis que moi j'étais là à attendre qu'il me trouve. Aujourd'hui, je retrouvais au fond de moi ce même sentiment s'il venait à s'absenter un seul jour. Mon mari, bien sûr, n'aimait pas qu'il vienne chez nous. Il n'en parlait jamais, mais laissait très clairement paraître ce qu'il en pensait. Chacun de ses agissements trahissait ses sentiments. Dulal le savait aussi, et il me dit un jour qu'une des raisons pour lesquelles mon mari me maltraitait ainsi, c'était qu'il ne supportait pas de le voir chez nous. Je tentai de lui expliquer que non. Mais je crois qu'il ne le comprit pas, car quelques jours plus tard, il me répéta la même chose :

— Ecoute, je ne veux pas devenir un sujet de discorde entre vous.

J'étais vraiment très fâchée cette fois-là et je m'en ouvris à lui :

— Ça suffit ! Et d'ailleurs ça m'est égal. Le fait que tu viennes ici ne change rien. Et même si c'était le cas, je m'en moque ! Pourquoi n'aurais-je pas le droit de voir un ami d'enfance ? Qu'est-ce qu'il peut faire ? Me battre ? Et alors ? Il l'a déjà fait bien assez souvent. Ça n'a plus aucune importance !

Je suppose que cela eut de l'effet sur lui, car il continua à venir chez nous. Comme je savais qu'il avait du mal à joindre les deux bouts, je m'arrangeais pour lui donner à manger. Une femme sans éducation, mère de deux enfants... Parfois je me demandais pourquoi ce pauvre homme me touchait à tel point que j'étais prête à affronter la colère de mon mari. Une femme sans éducation pouvait-elle comprendre cela ? Tout ce qu'elle savait, c'est que lorsque Dulal s'adressait à elle avec son « tu » familier, les souvenirs de la jeunesse heureuse de Baby lui revenaient et son cœur s'emplissait d'allégresse. Tout ce qu'elle savait, c'est que ce qu'elle ressentait était proche de ce que ressentait son amie Bela pour Taracq, à qui elle envoyait des lettres d'amour qu'elle faisait écrire par d'autres. Et si on lui avait demandé de jurer de dire la vérité sur la tête de ses enfants, elle aurait peut-être fini par avouer que, si seulement Dulal avait su lire et écrire, elle lui aurait adressé de telles lettres.

Chaque fois qu'elle recevait des nouvelles de son amoureux, Bela se précipitait chez moi pour que je lui lise ses lettres. J'avais aussi lu la première lettre d'amour que la mère de Tapasi, qui vivait dans le même quartier, avait reçue par l'intermédiaire d'un beau-frère. Elle avait accouru chez moi en me demandant :

— Dis-moi, dis-moi ce qui est écrit là.

Souvent, pendant ma lecture, je voyais leurs visages s'illuminer : elles regardaient le bout de papier comme si leur vie en dépendait. Parfois aussi, il me fallait rédiger leurs lettres. Sourdes à mes protestations, elles insistaient pour que je m'exécute, ce que je faisais tant bien que mal.

Je devins également une espèce de confidente et d'intermédiaire dans une autre relation entre deux personnes du quartier : Vibhuda et Nisha. Vibhuda était marié, mais il était amoureux de Nisha. Au début, sa femme et Nisha étaient amies, mais quand elle se rendit compte de ce qui se tramait, sa femme se mit à haïr Nisha, à lui lancer des regards noirs et à la maudire. J'avais de l'affection pour les deux. La femme de Vibhuda était vraiment jolie, elle avait un pied plus petit que l'autre mais à part ça elle était charmante. Souvent, lorsqu'elle sortait de chez elle, avec son voile qui lui recouvrait largement le visage, tout le monde pensait que c'était une jeune mariée. Elle avait sur le front une grande marque de *sindhoor* qui la rendait très attirante. Le teint clair, les cheveux noirs et brillants, elle aimait beaucoup Vibhuda et essayait de gagner son cœur en lui préparant de bons petits plats. Nisha était au contraire brune de peau, mais avait, elle aussi, de beaux cheveux noirs. Chaque fois que Vibhuda sortait dans le quartier, sa femme le suivait, et elle demandait aux gens s'ils l'avaient vu parler à Nisha. Souvent, elle me demandait, à moi aussi, de les épier. Ce qu'elle ne savait pas, c'est que généralement ils se rencontraient chez moi. Parfois, j'avais peur qu'elle ne le découvre. Ils avaient l'habitude de se retrouver chez moi et de filer ensuite ensemble au cinéma.

Un jour, nous étions un petit groupe à regarder la télévision chez une voisine. Soudain, la femme de Vibhuda arriva et constata que son mari et Nisha se trouvaient également là. Elle ne fit aucun cas de l'assemblée et ne vit qu'eux deux. Elle demanda à Vibhuda de rentrer immédiatement mais il l'ignora. Elle était furieuse. Il était dix ou onze heures du matin et elle venait de mettre du riz à cuire. Elle se précipita chez elle, et personne ne sait exactement ce qui se passa, mais elle avala quelque chose et s'évanouit. Lorsqu'il rentra chez lui, Vibhuda la trouva étendue par terre. Un peu plus tard, quand elle voulut sortir le riz du feu, il s'aperçut que ses mains tremblaient et qu'elle n'arrivait pas à empoigner le récipient. Il comprit que quelque chose n'allait pas et courut chercher de l'aide. A eux tous, ils la conduisirent à l'hôpital, mais en vain. Elle mourut la nuit même. Au début, cela surprit tous les voisins, mais ensuite commérages et messes basses allèrent bon train, puis les langues se délièrent : l'un disait que jusqu'à ce matin-là elle allait bien, l'autre insinuait qu'elle était morte à cause de Nisha… C'était une femme bien. Quelle que fût la raison de sa mort, cela ne changea rien aux sentiments de Vibhuda pour Nisha, il continua sa cour assidue et tous deux se retrouvaient régulièrement. Quelques mois plus tard, son frère aîné vint organiser le deuxième mariage de Vibhuda.

J'appris que Vibhuda aurait aimé se marier avec Nisha, mais qu'elle n'était pas disposée à l'épouser. Je lui en demandai la raison et elle m'expliqua qu'elle ne pouvait pas l'épouser parce qu'ils appartenaient à des castes différentes. Quoi qu'il en soit, maintenant qu'il était marié avec une autre femme et que tout semblait bien se passer entre eux, il continuait à aller voir Nisha et à passer du temps avec elle. Pourtant il se trouva que l'épouse morte se mit à hanter la nouvelle femme de Vibhuda : son esprit pénétrait le corps de la nouvelle épouse, provoquant chez elle d'incessantes douleurs. A plusieurs reprises, ils furent contraints de faire appel à un *ojha* – un sorcier guérisseur – pour la débarrasser de l'esprit de la première femme de Vibhuda. L'*ojha* l'aspergeait d'eau, prenait une torche enflammée dont il utilisait la chaleur pour essayer de faire sortir l'esprit, puis demandait :

— Qui es-tu et pourquoi es-tu là ?

— Je suis l'épouse défunte.

— Pourquoi es-tu venue posséder cette femme ?

— Pas question que mon mari ait des relations avec une autre. Pas question que naisse l'enfant qu'elle porte en son sein.

Puis le guérisseur recommençait à lui faire peur et elle acceptait de partir.

— Tu promets de ne pas revenir ?

— Oui.

— Et comment comptes-tu partir ?

— Je repartirai par où je suis venue.

Ensuite la femme de Vibhuda était épuisée et s'effondrait lourdement sur le sol. Cela ne l'empêcha pas de donner bientôt naissance à une petite fille. Ce bébé devint la prunelle des yeux de toute la famille, et la petite préférée de Vibhuda.

Quoi qu'il se produisît dans le quartier, une chose était sûre : tout le monde avait au moins trois ou quatre enfants. C'était la coutume locale et je suivis le mouvement. Je fus bientôt mère d'un troisième enfant. J'avais décidé que ce serait le dernier, aussi je tenais à avoir une fille. J'avais résolu de me faire opérer et je m'étais juré de ne pas rentrer de l'hôpital sans que ce soit fait. Seuls Shashti et Dulal étaient informés de cette décision. Même Baba ne le savait pas, car, bien que conscient de ma situation, il n'avait fait aucun effort pour venir me voir. Je ne voulais pas que notre famille s'agrandisse encore. Mon mari ne me donnait presque pas d'argent pour la maison et ce que je gagnais avec les cours était assez variable – certains mois les gens payaient, d'autres non.

Le plus urgent était de tout organiser avant le départ pour l'hôpital. A cause de l'opération, je voulais me rendre là-bas un peu plus tôt et je préparai donc un ballot de mes affaires. Je demandai à Dulal s'il pouvait continuer à venir voir les enfants. Les douleurs commencèrent deux jours avant la date prévue. Au début, ça n'allait pas trop mal et je n'en parlai à personne, mais lorsque les douleurs s'intensifièrent, je demandai à mon fils aîné d'aller appeler Sitaram pendant que Dulal resterait avec moi. Je priai mon mari d'aller chercher ma belle-mère pour que quelqu'un s'occupe des enfants, et il s'exécuta. Puis tous les trois – Sitaram, Dulal et mon mari – me conduisirent à l'hôpital. En un rien de temps, je fus transportée d'une pièce à l'autre. Cela sema une certaine confusion, car le lendemain, lorsque Dulal appela pour avoir de mes nouvelles, on lui apprit que je n'étais pas là. Il raconta à tout le monde dans le quartier que j'avais disparu de l'hôpital et on pensa que je m'étais échappée ! Du coup, pendant deux jours, je ne reçus aucune visite.

L'après-midi du troisième jour – celui de la *puja* de Vishwakarma – je donnai naissance à une petite fille. Le lendemain, Dulal tenta encore de se renseigner à mon sujet et cette fois, il me trouva avec mon bébé dans les bras. Je lui dis :

— Que s'est-il passé ? Pourquoi personne n'est venu me voir ? Vous m'avez tout bonnement abandonnée ici !

Il me raconta qu'il était venu mais n'avait pas réussi à me trouver et je lui expliquai en retour que, comme personne ne m'avait rendu visite, les médecins s'étaient imaginé que je n'avais pas de famille. Il partit annoncer la nouvelle à tout le quartier : j'avais eu une petite fille !

Deux ou trois jours plus tard, je demandai au docteur s'il pouvait me ligaturer les trompes. Ce à quoi il répondit qu'il préférait attendre que quelqu'un de chez moi, plus précisément mon mari, vienne lui donner la permission et signer les papiers. Je lui dis qu'il était inutile d'attendre, que je pouvais signer moi-même. Il accepta donc et me demanda de me tenir prête et d'être à jeun pour le lendemain matin. Mon seul souci était de savoir qui s'occuperait du bébé pendant les trois ou quatre jours dont j'avais besoin, mais heureusement j'avais réussi à mettre de l'argent de côté, ce qui me permit de faire appel à une nourrice.

Nous étions sept à attendre l'intervention. Je fus la première à reprendre conscience et la première à me rétablir. Il me fallut malgré tout quinze jours avant de pouvoir sortir de l'hôpital. Pendant tout ce temps, chaque jour, mon mari m'apportait à manger et Dulal aussi venait me voir. Quand je rentrai enfin chez moi, tout le monde vint me rendre visite en m'assaillant de questions :

— Alors, où avais-tu disparu ? On a entendu dire que tu étais introuvable à l'hôpital…

Il me fallut tout raconter, encore et encore. Certains me dire que j'avais de la chance d'avoir eu une fille après deux garçons, et c'est bien ce que je pensais aussi ! Tout le monde aimait ma petite fille. Dulal était particulièrement fou d'elle, et quand elle avait le moindre bobo, il se précipitait chez le docteur avec elle ! J'étais heureuse maintenant, car je pouvais confier le bébé à Dulal et cela me laissait le temps de faire les démarches nécessaires pour envoyer mon fils cadet à l'école. Et comme on pouvait s'y attendre, les choses en arrivèrent à un tel point que ma fille refusait de quitter la maison de Dulal pour rentrer chez nous.

J'avais espéré trouver un peu de repos en rentrant de l'hôpital. En fait, le travail ne fit que s'accroître. Je commençais également à ressentir le désir ardent de partir quelque temps. Heureusement, une occasion se présenta lorsque mon jeune beau-frère arriva de Dhanbad et me proposa de rentrer avec lui :

— Il y a une grande *mela* là-bas, pourquoi ne viendrais-tu pas ?

Sans prendre le temps de réfléchir, je rassemblai rapidement quelques affaires, pris mes enfants et partis pour Dhanbad où je passai une semaine. Nous allâmes à la *mela* chaque jour. Nous nous promenions et dans l'ensemble, nous prîmes du bon temps.

Je rentrai à la maison quelques jours plus tard, heureuse et détendue, mais peu de temps après, notre voisinage fut frappé par une terrible tragédie : un homme, qui s'appelait Panna, mit le feu à sa femme et la brûla vive. C'était une jolie femme au visage de poupée : le teint clair, les cheveux bouclés… et il l'avait tout simplement brûlée vive ! C'était un dimanche et elle était en train de regarder la télévision chez un voisin. Panna était saoul – il l'était souvent et brutalisait sa femme. Quand il l'avait découverte devant la télévision, il était devenu fou de rage, l'avait attrapée et traînée jusque chez eux. Là, ils avaient dû se battre car tout à coup, il l'avait arrosée de pétrole et s'était mis à la recherche de feu pour la brûler. Sa femme avait ramassé une boîte d'allumettes, la lui avait flanquée dans la main en le défiant :

— Si ça peut te soulager de me tuer, vas-y, fais-le !

Panna était ivre. Il avait pris la boîte, gratté une allumette qu'il avait jetée sur elle. Elle avait aussitôt pris feu, ses vêtements lui avaient brûlé la peau, son teint était devenu pâle… elle était nue… elle était encore vivante lorsque Lata, une voisine, l'avait vue s'effondrer contre le mur de leur maison en gémissant de douleur. Lata avait poussé des cris pour appeler à l'aide, et des voisins s'étaient précipités chez eux. Nous y étions allés, nous aussi. Je la vis, encore à moitié plaquée contre le mur, la peau entièrement brûlée… et pour son plus grand malheur, à ce moment-là elle était encore en vie.

Panna avait tenté de s'échapper mais les voisins l'avaient attrapé et enfermé dans la maison. On avait appelé la police et la femme de Panna avait été rapidement transportée à l'hôpital. La police était arrivée deux ou trois heures plus tard, et avait embarqué Panna après avoir mené une petite enquête. Son épouse ne revint jamais. Mais quand elle avait été interrogée à l'hôpital par la police et les médecins, elle avait refusé de condamner Panna, et avait dit qu'il n'était en aucune manière responsable de son état. Jusqu'à son dernier souffle, elle s'était accusée de ce qui lui était arrivé !

Lorsqu'elle fut ramenée chez elle pour les derniers rites, j'allai la voir. Elle avait le visage encore pâle et le *bindi* au même endroit que d'habitude. Ses yeux étaient ouverts, comme si elle nous regardait, et je ne pouvais m'empêcher d'imaginer qu'elle allait parler, d'un moment à l'autre ! Je me rappelai son air toujours fringant quand elle accompagnait chaque matin ses enfants à l'école, tenant par la main son petit garçon de dix ans et sa fillette de sept ans. Parfois, si j'étais devant chez moi, elle s'arrêtait pour bavarder. Je me demandai ce que les enfants allaient devenir et qui allait s'occuper d'eux. Panna fut relâché au bout de trois mois seulement, mais son retour chez lui ne changea rien pour personne. Pour finir, le beau-père de Panna vint chercher les enfants.

Panna retourna travailler à l'usine à gaz qui l'employait déjà avant. Il était versatile : certains jours il allait au travail, d'autres non. La maison où ils avaient vécu fut vendue, Panna buvait tout ce qu'il gagnait. Un jour où nous parlions de sa femme, Shashti m'apprit qu'elle rêvait souvent d'elle et que cela lui faisait peur parce qu'elle sentait sa présence derrière elle, qui l'observait avec ces yeux qu'elle refusait de fermer jusque dans la mort… Je m'apprêtais à partir lorsque Shashti me rappela qu'il y avait une *puja* chez elle, le lendemain, et que je lui avais promis de venir. Je m'engageai à être là : je voulais prier pour les petits enfants de Panna. Il y avait chez Shashti une statuette de Ma-Mansa et c'était elle que j'avais l'intention de prier, mais je décidai également d'offrir à la déesse un jour de jeûne. Je ne mangeai donc pas de la journée et, le soir, quand je vis les gens se rassembler pour aller chercher de l'eau à la mare pour la *puja*, je me préparai à les suivre, mais mon mari me traîna jusqu'à la maison en me maudissant. Lorsque je lui demandai pourquoi il se comportait ainsi, il se mit à me frapper. J'avais jeûné toute la journée et j'avais acheté au marché des fruits pour les apporter en offrande, mais je ne pus le faire, et cela m'attrista. Alors le lendemain matin, je cueillis quelques fleurs et allai les porter en offrande chez Shashti. Il y avait là d'autres voisines et, joignant les mains, je me mêlai à elles pour prier. Tout à coup, je sentis qu'on me tirait par les cheveux. Je n'y prêtai pas attention et continuai à prier. Mais soudain, quelqu'un m'attrapa les cheveux en tirant si fort que je tombai par terre... Je me retournai et vis qu'il s'agissait de mon mari. Il me cria :

— Espèce de garce, rentre à la maison !

Comme tous ceux qui étaient présents à ce moment-là, je compris que si je partais avec lui, il ne manquerait pas de me battre. Alors je continuai à prier, et quand tout fut fini, je retournai chez moi. Mais là encore, je ne rentrai pas : je me tins sur le pas de la porte.

Quelques minutes plus tard, je vis débouler chez moi Shashti et d'autres femmes. Elles hurlaient. Elles étaient hors d'elles. Shashti cria à mon mari :

— Tu peux faire ce que tu veux avec ta femme, je sais que ça ne me regarde pas, mais tu n'as pas à venir semer le désordre chez moi ! Tu as interrompu notre *puja*, et ce devant tout le monde. Comment oses-tu ?

Non seulement tu m'as insultée, mais c'est la *puja* tout entière que tu as gâchée !

Puis elle se tourna vers moi et, bien que ce fût à son attention à lui, elle ajouta :

— Et toi, qu'as-tu donc fait pour qu'il t'attrape et te traîne comme ça par les cheveux ? C'est parce que tu assistais à la *puja* ? Il y avait aussi d'autres femmes avec nous ! Est-ce que ça veut dire qu'elles sont toutes mauvaises ? Aucun de leurs maris n'est venu se plaindre. Tu es bien la seule à pouvoir supporter cet homme. Je ne sais pas comment tu peux subir tout cela sans te plaindre. A ta place, je remettrais au point une ou deux choses !

Et c'est ainsi qu'elle partit, en criant et vociférant.

J'avais peur que la colère de mon mari ne retombe sur moi, aussi je me déplaçai légèrement et me tins dans l'ombre de la porte, en espérant qu'il ne me verrait pas quand il sortirait. Un peu plus tard, je le vis partir au travail. Je savais qu'il serait furieux en rentrant, aussi me hâtai-je de faire manger les enfants et de les coucher. Quand Dulal vint dans la soirée, je lui racontai tout et lui aussi me passa un savon :

— Pourquoi es-tu allée là-bas si tu sais que ça ne lui plaît pas ?

Mais moi, je me disais que je n'y étais pas allée toute seule, il y avait tant de monde là-bas, quel mal y avait-il donc ?

Je commençai à penser qu'il me fallait prendre ma vie en main : les choses ne pouvaient pas continuer ainsi. Mon fils aîné venait de finir le primaire, il devait à présent changer d'école, quant au plus jeune, il commençait tout juste sa scolarité. Il fallait sans cesse de l'argent pour leur acheter des petites choses. Mon mari rechignait à m'en donner, et quand il le faisait, ce n'était qu'après que je le lui eus demandé au moins dix fois. Je décidai qu'il était temps pour moi de trouver un travail. Je commençai par demander aux voisins. J'informai tout le monde de ma décision. Mais beaucoup se moquèrent de moi. Ils ne me prenaient pas au sérieux :

— Pourquoi as-tu besoin de travailler ? Tout de même, ton mari gagne suffisamment pour vous tous.

Quelqu'un d'autre ajouta :

— Tu ne pourras pas travailler, n'y pense plus.

Je me demandais pourquoi, s'il gagnait tant d'argent, il ne m'en donnait pas pour la maison.

Ainsi la vie continua, et ce sujet provoquait chaque jour des tensions. Mais j'étais résolue : quoi qu'il advienne, je ferais en sorte que mes enfants aient une bonne instruction. Je ne voulais pas qu'ils soient illettrés comme leur père. Cela me rendit folle de colère lorsque mon mari demanda à mon fils aîné de venir l'aider à pousser la charrette à bras. L'enfant allait avec lui parce que son père lui donnait un peu d'argent de poche, ce qui lui permettait d'aller s'acheter des friandises. Cela aussi devint une pomme de discorde. Je n'aimais pas qu'il donne de l'argent à notre fils. Il était de plus en plus gâté. Il manquait souvent l'école pour passer la journée à traîner, et si je lui disais quoi que ce soit, son père lui ordonnait de se taire et lui-même refusait de parler. Si, par hasard, il m'arrivait de lever la main sur mon enfant, je savais qu'à son tour son père me frapperait. De plus, il lui arrivait parfois de disparaître plusieurs jours de suite et je courais partout à sa recherche. Dans ces cas-là, c'est sur moi que mon mari faisait retomber la responsabilité de sa fuite ! En revanche, cela ne lui causait aucun souci que son fils ne soit pas assidu à l'école ou dans ses études. C'était à moi qu'il revenait de m'en occuper. La seule chose qu'il faisait pour nous, c'était de nous donner un peu d'argent de temps à autre. Je ne savais plus du tout ce que je devais faire.

Après avoir vécu ainsi pendant des années, à me battre pour ma dignité, pour l'éducation des enfants, un jour, je dis à la mère de Shashti que je n'en pouvais plus. Elle me répondit gentiment :

— Mon enfant, est-ce que tu te sentirais capable de faire le travail que je fais ?

Est-ce que je pourrais travailler chez les gens, laver leur linge et faire leur vaisselle ? Je n'en étais pas sûre. Et si Baba le découvrait, ou si ses amis me voyaient, que diraient-ils ? Que la fille de Halder en était réduite à faire ce genre de travail ? Lorsque je m'en ouvris à la mère de Shashti, elle me dit :

— Si la seule chose qui t'inquiète, c'est la réputation de ton père, alors résigne-toi à souffrir et à avoir faim.

Je me dis qu'elle avait raison. Pourquoi me préoccuper de ce que Baba pensait alors que lui-même ne semblait pas inquiet pour moi le moins du monde et qu'il ne venait quasiment jamais me voir ?

Nous étions en train de parler au bord de la route quand un vieil homme, à peu près de l'âge de mon père, s'approcha de la mère de Shashti et lui demanda :

— Didi, est-ce que tu pourrais m'aider à trouver quelqu'un pour travailler chez moi ?

— D'accord, je vais chercher.

Elle me regarda puis se tourna vers lui et lui demanda d'attendre une minute. Elle me fit signe de la suivre dans sa maison où elle me demanda :

141

— Dis-moi, es-tu prête à aller travailler chez lui ?

— Oui, mais demandons-lui au moins en quoi consiste le travail.

Alors nous retournâmes voir l'homme et la mère de Shashti lui annonça que j'acceptais de travailler pour lui. Ensemble, nous nous rendîmes chez son fils où je fus informée que je serais bonne à tout faire : nettoyer, balayer, passer la serpillière, laver le linge, faire la cuisine, éplucher les légumes, moudre les épices… J'acceptai le travail. C'était mon premier emploi. J'acceptai également le salaire que son fils, Ashish, me proposa, car je n'avais aucune idée du montant que j'aurais dû réclamer.

Ils semblaient apprécier mon travail. La famille était brahmane et ils suivaient les rituels de purification de leur caste. Mais ils mangeaient ce que je leur préparais sans rechigner car ils ne pouvaient pas se passer de domestique. La femme d'Ashish voulait vérifier tout ce que je faisais, mais je ne lui donnais guère l'occasion de critiquer : je mettais tout mon cœur à l'ouvrage et ils n'avaient pas de sujet de se plaindre. Tout le monde se mit à parler de la bonne ouvrière que j'étais et tout à coup, je fus très demandée. Mais je ne pouvais pas prendre trop de travail, bien sûr. Je pense que ce que les gens appréciaient, c'était que je ne faisais pas d'histoires pour un oui, pour un non : la plupart des filles qui étaient embauchées préféraient avoir un travail bien précis, elles n'étaient pas disposées à tout faire. Moi oui. Quand on me demandait un extra, je me disais « où est le problème ? » et je le faisais. C'est pour cette raison que je pris du service dans plusieurs maisons, et bientôt on ne me traita plus comme une bonne. Mes employeurs étaient pour moi comme des oncles et des tantes, et leurs enfants m'appelaient affectueusement Didi ou Pishi-ma.

Pour venir à bout de tout mon ouvrage, je partais chaque matin avant que tout le monde se réveille, je finissais ce que j'avais à faire et je rentrais. Ensuite, je câlinais les enfants et les poussais à faire leurs devoirs, puis je me mettais à la cuisine. J'envoyais les garçons à l'école, je prenais ma fille avec moi et je retournais au travail jusqu'à midi ou une heure. Parfois, les garçons rentraient manger pendant la pause-déjeuner, sinon c'était moi qui leur apportais leur repas. Ils finissaient l'école à quatre heures et le temps qu'ils arrivent à la maison, j'avais tout terminé, je m'étais baignée et habillée. Je donnais à goûter aux enfants, je les envoyais jouer dehors et pendant ce temps-là, je préparais le dîner. Puis j'envoyais les garçons chez leur professeur, ou, les jours où c'était lui qui venait à la maison, je lui préparais du thé. Une fois que tout était fini, je retournais au travail en emmenant ma fille avec moi, et dans certaines maisons, on m'aidait à la surveiller. Une jeune fille la prenait dans les bras et elles regardaient la télévision ensemble. Je crois que cela ne plaisait pas à la femme d'Ashish car, un jour, elle en parla de manière mordante :

— Ce qui me surprend, c'est que je ne l'ai jamais vue prendre mon petit garçon dans ses bras, alors la voir faire preuve de tant d'amour pour ton enfant à toi...

Ce n'est pas parce qu'on est pauvre qu'on ne doit pas vous toucher, pensai-je, sans le dire.

Comme mon mari ne m'avait jamais dit de manière explicite qu'il n'aimait pas que j'aille travailler chez les gens, j'en avais déduit que ça lui était égal. D'abord, j'avais eu un peu pitié de lui, je croyais qu'il ne gagnait pas assez pour nous faire vivre, mais en fouillant ses poches un jour où il n'était pas là, je découvris tant d'argent que cela me rendit vraiment furieuse. D'abord je me dis, c'est parfait qu'il ait de l'argent, après tout, cela fera le bien de ses enfants ! Mais aussitôt après je lui en voulus, car je pensais que la moindre des choses aurait été qu'il nous en donne au moins pour le quotidien.

Tout ce que je gagnais partait pour la maison, je ne gardais pas le plus petit paisa pour moi. Alors je décidai d'économiser un peu et commençai à mettre de côté une ou deux roupies. Un jour, au marché, je m'achetai une tirelire pour y mettre l'argent. Lorsqu'elle fut remplie, je dis à Dulal :

— Cassons-la !

Lorsque nous l'ouvrîmes, nous comptâmes mille quinze roupies ! J'avertis Dulal qu'il fallait cacher cet argent pour ma fille. Je ne voulais pas que son père le voie, sinon il aurait arrêté ses maigres dons. Je le gardai de côté et même lorsque les temps furent difficiles, je n'y touchai pas. Mais un jour où j'allais devoir puiser dedans car on manquait vraiment d'argent à la maison, je finis par le donner à Dulal :

— Emmène ça et fais-en ce que tu veux.

Avec cet argent, il acheta des boucles d'oreilles en or pour ma fille.

Bien sûr, cela me fit plaisir, mais je me demandai si jamais ma petite fille aurait le bonheur de les porter. Depuis sa naissance c'était une enfant à la santé fragile qui tombait régulièrement malade. Tout ce que je voulais, c'était qu'elle aille bien. Je me souvenais que lorsque j'étais rentrée de l'hôpital avec elle, il m'avait fallu travailler dur pour aller chercher l'eau et la transporter jusqu'à la maison. Un jour, alors que je l'allaitais encore, elle avait attrapé froid et était tombée tellement malade qu'elle pouvait à peine respirer. J'étais vraiment inquiète. Il était assez tard – plus de neuf heures et c'était le soir de la *puja* de Kali – et son père n'était pas à la maison. Alors je la pris dans les bras et je sortis. Je rencontrai Shashti et sa mère en train de parler devant chez elles.

— Où emmènes-tu ta petite fille à cette heure-ci ? me demanda Shashti.

— Regarde-la. Elle est tellement mal qu'il faut que je la fasse voir à un docteur. Son père sait qu'elle est malade, mais il s'en moque, alors que faire ? J'y vais toute seule.

— Et où est Dulal ?

— Il n'est pas venu aujourd'hui.

— Attends-moi un instant, je t'accompagne.

Il y avait un médecin près de chez Dulal, aussi suggérai-je à Shashti de nous y rendre. Mais le temps d'arriver, il avait fermé son cabinet et était parti.

— Qu'allons-nous faire ? demandai-je à Shashti.

Je proposai d'aller chez Dulal lui demander son avis. Quand nous arrivâmes, il était tout absorbé par sa *puja*. Il nous vit, moi avec le bébé dans les bras, mais ne nous prêta pas attention. Cela me surprit mais je n'osai rien dire. Shashti alla lui murmurer que l'enfant n'allait pas bien, mais malgré tout, il n'eut pas l'air de réagir. Il continuait à s'affairer de-ci de-là. Finalement, je dis à Shashti :

— Partons, emmenons-la chez le docteur Swapan !

Nous marchâmes presque un kilomètre avant d'arriver chez lui. Il était environ dix heures. Le docteur Swapan connaissait un peu mon père. Il sortit son stéthoscope, écouta la respiration de ma petite fille, puis se tourna vers moi et me réprimanda :

— Pourquoi l'amènes-tu quand elle est à moitié morte ? Qu'est-ce que tu veux que je fasse ? Je ne veux pas prendre de risque. Je vais te faire une lettre que tu vas porter au docteur Karmakar.

Ses paroles m'emplirent d'effroi :

— Que va-t-il arriver à mon enfant, Shashti ? demandai-je en pleurant.

— Il ne va rien lui arriver. Il faut prier Dieu et tout ira bien.

Le docteur Swapan sortit de l'argent qu'il me donna, puis appela un rickshaw et me dit :

— Tiens, va voir le docteur et pense bien à repasser me voir avant de rentrer chez toi.

Le rickshaw tourna en rond, impossible de trouver un cabinet encore ouvert, ou le docteur Karmakar. Il finit par nous emmener chez un médecin qu'il connaissait. Il était alors presque onze heures. Il supplia le docteur d'examiner l'enfant.

— Il faudrait l'hospitaliser, mais en avez-vous les moyens ? me demanda celui-ci.

— Vous ne pouvez pas la soigner chez vous, docteur ? demanda Shashti.

— Je vais essayer, répondit-il en emportant l'enfant.

Il avait tout l'équipement nécessaire dans son cabinet ; il tendit la fillette à une infirmière et la pria de l'allonger sur un lit. Puis il lui introduisit une espèce de tube dans le nez. Je suivais tout cela depuis l'extérieur de la pièce, j'étais en larmes, terrifiée. Je ne sais pas ce que le médecin lui enfonça vigoureusement dans le nez ni ce qu'il en retira, mais l'enfant se mit à hurler de douleur. Comme je ne pouvais supporter de la voir comme ça, je me cramponnai à Shashti. Elle était à ce moment-là mon seul soutien. Enfin, le docteur m'annonça que je pouvais la ramener à la maison. Il ne me fit pas payer trop cher : peut-être avait-il conscience de ma situation et savait-il que je n'aurais pas pu payer plus. De même, le conducteur du rickshaw, qui avait été si gentil et avait pris tant de peine, me demanda bien moins d'argent que ce qu'il aurait dû. En chemin, nous ne pûmes nous arrêter chez le docteur Swapan car son cabinet était fermé. Le rickshaw nous conduisit jusqu'à chez nous.

Quand j'entrai, je trouvai mon mari assis, en train de manger, rouge de colère. Mais quand il vit l'enfant et les médicaments dans mes mains, il changea d'expression. Il eut l'air vraiment inquiet – il avait dû croire que j'étais sortie avec Dulal, ce qui avait provoqué sa colère. Le lendemain matin, Dulal arriva et je lui passai un sacré savon sans rien lui épargner. Il était tout penaud, subit sans réagir mes accusations, et lorsque j'eus fini, il reconnut son erreur. Bien que j'aie voulu l'en empêcher, il prit l'enfant dans ses bras, et dès lors, il assuma quasiment seul la responsabilité de sa santé.

Dès le moment où j'avais commencé à aller travailler, il était inévitable que les gens s'arrêtent pour un brin de conversation quand ils me voyaient sur la route. L'un me parlait de mon travail, l'autre de ma maison, et nous passions ainsi un petit moment à bavarder d'une chose ou d'une autre. Mon mari n'aimait pas du tout ça. Chaque fois qu'il me voyait avec quelqu'un, il attendait que je rentre à la maison, puis il m'insultait et me battait. Si j'avais le malheur de protester ou d'essayer de me justifier, il ramassait un gros caillou et menaçait de me le lancer. Il ne disait pas grand-chose sur le fait que je travaille à l'extérieur, bien que cela ne lui plaise pas, mais si j'osais parler à un autre homme, cela le rendait fou. Que je travaille ou pas, il y avait des tensions, et que pouvais-je y faire ? Mais un beau jour, tous ces soucis me sortirent de l'esprit – bien que pour peu de temps – quand j'appris que ma mère, ma vraie mère, était revenue.

Ce jour-là, après le travail, je venais d'allumer le feu pour préparer à manger, quand Soma, la fille aînée de mon frère, arriva tout à coup en courant, passant d'une maison à l'autre en criant :

— Venez vite, venez vite, Thakurma (Grand-mère) est ici !

— Thakurma est ici ? Et alors ? Je croyais qu'elle était arrivée hier.

— Pas cette Thakurma !

— Laquelle alors ?

— Ma Thakurma à moi ! Viens ! Baba l'a cherchée partout, et il a fini par la dénicher ! Viens vite !

J'étais abasourdie. Etait-ce possible ? Est-ce que cela pouvait vraiment être ma mère ? Je me rappelais si bien son visage…

— Allons-y, dis-je à Soma, allons voir.

Nous courûmes tout au long du chemin. En arrivant, je trouvai mon frère assis sur sa véranda.

— Entre, dit-il, entre voir qui j'ai ramené ! Toutes ces années, Baba n'a pas été capable de la trouver, mais moi, je l'ai trouvée pour toi.

Une foule s'était rassemblée devant la porte de Dada. Quelqu'un dit :

— Regarde, ta mère est revenue !

Quelqu'un d'autre :

— Comme elle te ressemble !

Un troisième :

— Va, cours le dire à ton père !

J'entrai, et au moment où je la vis, ma tête se mit à tourner et je tombai par terre, évanouie. Ma belle-sœur m'aspergea le front d'huile et d'eau et me fit asseoir. Je me mis à crier à mon frère :

— Pourquoi l'as-tu ramenée ? Nous étions bien sans elle. Nous avons dit à tout le monde que notre mère était morte. Quel besoin avais-tu de la faire revenir dans nos vies ?

Elle avait beaucoup changé. Elle ne semblait même pas me reconnaître. Une voisine lui dit :

— Regarde, c'est ta fille !

— Ma fille ? Laquelle ? Baby ? Ma fille aînée nous a tous quittés, elle est partie.

Tout autour, les gens disaient que maintenant que son fils aîné l'avait ramenée, elle devait rester chez lui.

— Non, répondit-elle, je vais retourner chez mon plus jeune fils. Il vit loin de tous, je suis bien chez lui. Pourquoi tout bouleverser à nouveau ? Je ne suis là que pour quelques jours, ensuite je repartirai là-bas.

— Tu ne veux pas retourner chez Baba ?

— Il a une nouvelle épouse, pourquoi lui créer des problèmes ?

Colère, tristesse, joie : ressentait-elle un seul de ces sentiments en voyant ses enfants après tant d'années ? Je ne perçus aucun de ceux-là chez Ma. Et je pense que je ressentais la même chose au fond de mon cœur. Il y a parfois une espérance, une joie, un enthousiasme, un élan quand quelqu'un revient à la maison. Rien de tout cela ne m'arriva. Si je ressentis de la joie, elle n'était pas différente de celle qui vous touche en rencontrant par hasard un parent éloigné. Je fis ressurgir du passé les moments heureux et ceux qui étaient tristes. A nouveau, je me demandai comment elle avait pu s'enfuir en laissant d'aussi jeunes enfants derrière elle. Se souvenait-elle seulement de la manière dont elle s'était débarrassée de sa petite Baby, en la soudoyant avec une pièce de dix paisas le jour où elle avait quitté la maison ? Se souvenait-elle qu'elle n'avait pas jeté le moindre regard en arrière ? Comment aurait-elle pu savoir que Baby se tenait là, à la regarder jusqu'à ce qu'elle devienne une tache minuscule à l'horizon, et que ses yeux ne puissent plus la voir ? Si elle s'était retournée ne fût-ce qu'une seule fois, si elle avait vu sa fille plantée là, ne serait-elle pas revenue l'embrasser, la prendre dans ses bras et l'aimer… ? Peut-être Ma ne savait-elle même pas que cette enfant était aujourd'hui mère de trois petits.

Je la regardai à nouveau. Elle avait l'air malade. Elle parlait peu. Elle avait toujours du *sindhoor* dans les cheveux et un grand *tika* sur le front. Mais pour qui ? Pour cet homme qui n'avait pas le temps de se souvenir de son existence et qui se débrouillait parfaitement sans elle ? J'avais imaginé que lorsque nous finirions par nous retrouver, elle me prendrait dans ses bras et me serrerait contre elle ; mais cette mère-là ne semblait même pas me connaître. Je lui demandai si le fait de nous quitter lui avait apporté un peu de paix. Mais elle ne répondit pas. Puis je lui demandai si elle se souvenait de m'avoir glissé une pièce de dix paisas au creux de la main avant de partir et elle s'écria :

— Tais-toi, ne dis pas de bêtises !

Est-ce qu'elle ne s'en souvenait vraiment pas ? Elle avait l'air de quelqu'un qui a beaucoup souffert. Sa manière de refuser de comprendre ce que je lui disais me laissa supposer qu'elle était peut-être devenue un peu folle.

Elle vécut un mois chez mon frère puis elle repartit. Rien n'aurait pu la convaincre de rester. Nous l'emmenâmes voir Baba. Après lui avoir lancé un regard, il lui dit :

— Où étais-tu pendant tout ce temps ? Tu as détruit ma vie, pourquoi es-tu revenue ?

— Je ne vais pas rester. Si mon fils aîné ne m'avait pas traînée jusqu'ici, je ne serais jamais revenue.

Au bout de quelque temps, elle dit :

— Je suis bien avec mon plus jeune fils. C'est facile de dire que j'ai détruit ta vie et que je suis partie, mais qu'en est-il de toi ? Tu gagnes bien ta vie mais as-tu seulement réussi à donner à l'un de tes enfants une éducation correcte ? Pourquoi as-tu marié la plus jeune des filles comme tu l'as fait ? Tu es heureux de dépenser ton argent pour toi, mais tu n'as jamais songé à lui donner quoi que ce soit ! Qui va s'occuper de toi quand tu seras un vieillard ? Personne. Et sais-tu au moins à quelle distance se trouve ma maison du bureau où tu travaillais à Calcutta ? A peine deux pas. Si tu l'avais voulu, tu m'aurais facilement retrouvée. Mais cela ne t'intéressait pas vraiment. Comment penses-tu que mon fils a réussi à me retrouver ?

Le frère avec qui ma mère vivait à présent avait un enfant. C'était peut-être pour cela qu'elle avait tellement hâte de rentrer. Aimait-elle donc tellement ce petit-enfant ? me demandai-je.

Avant de repartir, Ma vint également me rendre visite chez moi. Il y eut un grand rassemblement pour la voir. Certaines filles me demandèrent si c'était ma vraie mère et je leur répondis :

— Oui, et elle est venue me voir au bout de vingt ans !

Mais je n'eus pas l'occasion de lui dire adieu. J'étais au travail et quand j'arrivai chez mon frère, je découvris qu'elle était déjà partie. Mon frère fut incapable de me préciser son adresse. J'envisageai d'aller la voir, mais je ne trouvai personne pour m'y accompagner, sous prétexte qu'il serait trop compliqué d'emmener les enfants et qu'il valait mieux ne plus y penser.

J'avais retrouvé ma mère, après tellement d'années, mais je n'avais pu l'empêcher de repartir. Quelques jours après son départ, mon plus jeune frère vint nous voir avec sa femme. Je ne sais pas pourquoi, mais lorsque je le vis, je ne pus retenir mes larmes. Je lui demandai :

— Bhai, sais-tu qui je suis ?

— Comment ne pas te reconnaître, Didi, serait-il possible que les gens de même sang ne se reconnaissent pas ?

— Personne ne m'a jamais appelée Didi avant toi, Bhai, s'il te plaît, dis-le-moi encore.

Bien qu'il essayât de le cacher, je vis que lui aussi avait les larmes aux yeux.

— Alors, dis-moi, combien d'enfants as-tu ? me demanda-t-il.

Tandis qu'il entrait, je lui dis :

— Ma n'a pas voulu rester avec nous, elle voulait juste retourner chez toi.

Il partit deux ou trois jours plus tard. Puis j'appris que mon frère aîné était aussi parti vivre à Delhi. Ainsi, en dehors de mon père, je n'avais plus de famille ici. Et mon père, c'était comme s'il n'était pas là. Avant, je pouvais au moins rendre visite à mon frère ; maintenant il n'y aurait plus personne. Personne vers qui se tourner pour les joies et les peines, personne pour intervenir lorsque je me ferais frapper… Mais qu'y faire ? Où aller avec trois enfants sur les bras ? Quand je regardais mon mari, il m'arrivait parfois de ressentir de la compassion pour lui. Je me demandais pourquoi je ne parvenais pas à vivre comme il l'entendait, à être la personne qu'il voulait que je sois. Peut-être que le cœur du problème, c'était que nous n'avions absolument rien en commun. Je ne comprenais pas pourquoi les choses avaient ainsi tourné entre nous : je connaissais tant de familles où les choses allaient bien entre mari et femme, où ils réussissaient vraiment à avoir une vie de partage, à sortir ensemble… Beaucoup de gens disaient que mon mari était un homme bon et droit, qu'au fond il n'avait pas de mauvaises pensées. Parfois, il m'arrivait aussi de penser qu'il était peut-être trop influencé par les autres, que c'étaient eux qui provoquaient nos disputes. Mais à d'autres moments, je ne supportais plus sa manière de me traiter et je me demandais si j'étais un animal ou un être humain pour être traitée de la sorte. Je me souviens encore de la façon dont il se conduisit avec moi lorsque j'allai chez Dulal pour une *puja*. Depuis ce jour, je n'ai plus eu envie de retourner chez mon mari.

Tous les ans, la *puja* avait lieu chez Dulal et j'avais l'habitude de l'aider pour les préparatifs. J'aidais également à la décoration – non seulement chez lui mais également chez les autres. En fait, chaque fois qu'il y avait une *puja*, un mariage ou une réception dans le voisinage, on m'appelait pour faire les dessins sur le sol, l'*alpana* et les décorations. Cela me plaisait beaucoup.

Le jour de la *puja*, je jeûnai et attendis chez moi que mon mari rentre du travail. J'avais préparé des fruits, de la nourriture, une conque, un petit tabouret. Il était environ deux heures de l'après-midi.

C'était le moment où mon mari rentrait habituellement, mais ce jour-là, l'après-midi avançait et je
n'avais toujours aucune nouvelle de lui. Je pensai qu'il
avait dû être retardé au travail. Je l'attendis pour lui
donner à manger quand il arriverait, ainsi je pourrais
ensuite aller à la *puja*. Il rentra bien après cinq heures.
Je lui servis le dîner et lorsqu'il eut fini, je lui annonçai que j'allais à la *puja*. Il me demanda :

— A quelle heure rentres-tu ?

— Dès que la *puja* sera terminée.

Comme il ne répondait rien, je partis. Tout le
monde m'attendait là-bas. Je fis ce que j'avais à faire,
je coupai les fruits et ainsi de suite, puis il fallut aller
au réservoir chercher de l'eau. Nous y allâmes tous :
Dulal, le prêtre brahmane, moi, ainsi que plusieurs
autres, plus les musiciens et les percussionnistes.
J'étais la seule femme. Là était mon erreur et j'ai dû
la payer. Mon mari me vit partir seule au milieu des
hommes. Il arriva, interrompit la *puja* et me cria les
injures les plus abjectes. Puis il se mit à me brutaliser.
Tout le monde regardait. Dulal et la femme de
Ravida arrivèrent, m'arrachèrent à lui de force, et elle
me fit monter chez elle. Cette nuit-là, je décidai que
je ne rentrerais pas. La femme de Ravida usa de tous
les arguments possibles pour me convaincre, mais je
refusai de l'écouter. Je passai la nuit là. Pendant des
heures, mon mari tourna autour de la maison, une
fois il essaya même d'entrer. La femme de Ravida lui
expliqua où en étaient les choses et le renvoya. Puis à
nouveau, elle tenta de me convaincre, mais je lui dis :

— Je n'y retourne plus. Personne ne se rend
compte de ce que je dois endurer avec lui, j'en ai assez
maintenant. Si j'y retourne, ça va recommencer et ma
vie va devenir un véritable enfer et un scandale public.

Le lendemain matin, mon fils aîné arriva avec une petite boîte dans laquelle il avait rassemblé des vêtements pour lui, son petit frère et sa sœur.

— Mon fils, tu restes avec ton père. Moi, je vais chez ton grand-père. Viens me voir pour me donner de tes nouvelles.

Et me voilà repartie chez Baba. Mon mari fut furieux d'apprendre que mon fils nous avait apporté nos habits : il le frappa et le renvoya de la maison. Mon fils vint me retrouver en pleurant et me raconta tout. Je lui dis de ne pas s'inquiéter, qu'il pouvait rester avec moi, que j'allais travailler dur pour prendre notre vie en main.

Mon père pensait sans doute que ce serait comme les fois précédentes, que je passerais quelques jours chez lui, que ma colère s'apaiserait et que je finirais par rentrer. Mais lorsqu'il réalisa que je n'en avais pas l'intention, il ne sut plus que faire. Les tensions recommencèrent à monter entre lui et Ma. Je compris qu'il était urgent que je réagisse, sans quoi ma présence et celle de mes trois enfants ne feraient qu'empirer les choses. Et je ne pouvais pas compter sur eux pour me nourrir. Alors un jour, j'allai voir Shashti. Elle m'emmena chercher du travail dans un hôpital. Là, on nous annonça que nous pourrions revenir dans deux semaines pour commencer. Je me demandai si je serais capable de faire ce travail répugnant. Puis je pensai aux enfants et me convainquis que je n'avais pas le choix. Lorsque je rentrai, j'annonçai à Baba que dorénavant j'allais prendre une location.

— Mais comment vas-tu payer le loyer ? me demanda Baba.

Il a raison, pensai-je, comment vais-je payer ? A l'époque, je n'avais pas un paisa sur moi. Je demandai tout de même à Dulal s'il pouvait me trouver un petit coin, en me disant qu'une fois que j'aurais commencé à l'hôpital, j'aurais de quoi payer le loyer. Deux jours plus tard, il me trouva une maison où j'emménageai. A l'hôpital aussi l'emploi du temps était prêt : on donna à Shashti le service du matin et à moi celui de nuit. Il fallait que je laisse mes jeunes enfants à la maison pour aller travailler. De temps à autre, je demandais de l'argent à Baba pour mes dépenses quotidiennes, ce qui provoquait de nombreuses disputes entre lui et sa femme.

Je vivais désormais toute seule et malgré cela, Baba continuait à croire que j'allais rentrer chez mon mari. Il insistait pour que je le fasse, et moi, j'insistais dans l'autre sens. Je lui dis que je voulais vivre seule, je voulais voir si j'étais capable de nourrir mes enfants et de m'en m'occuper. Un jour Vibhuda amena Shankar chez moi. Peut-être imaginaient-ils qu'ils pourraient me convaincre. J'étais assise devant la porte avec mes enfants lorsque je vis mon mari et Vibhuda dans la rue. Je restai assise, sans bouger. Vibhuda arriva, se planta devant moi sur la véranda et me dit :

— Rentre à la maison.

— Non, plus jamais. Il est très bien tout seul, laisse-le comme ça.

Ensuite je me tus, les seules paroles furent prononcées par Vibhuda. Mon mari n'ouvrit la bouche que lorsqu'une voisine lui demanda :

— Alors, mon frère, tu es venu emporter ta femme ?

— Emporter ? Tu la prends pour une vache ou pour une chèvre ? répondit-il brusquement.

— Alors tu es venu voir si ta vache-chèvre vit bien ? C'est pour ça que tu es venu ?

A peine eut-elle fini de parler que Vibhuda proposa à mon mari de partir. Je ne voulais pas rentrer avec lui, pour moi, il n'en était plus question. Souvent, les gens me disaient que j'en subirais les conséquences plus tard, mais qu'entendaient-ils par « plus tard » ? Après tout, il y a bien des femmes qui font leur vie sans mari, n'est-ce pas ? Est-ce qu'elles en vivent plus mal ? Et puis il y avait les autres, parmi lesquels mon père, qui soutenaient que si je vivais seule, ce serait désastreux pour l'éducation de mes enfants. A ceux-là, je répondais : « Je veillerai à leurs études. » Je pensais en secret que si mon fils avait réussi à poursuivre tant bien que mal sa scolarité, c'était uniquement grâce à moi ; et tout ce temps je me débrouillais bien tout en m'occupant des deux plus jeunes, en travaillant, en prenant soin de la maison… Maintenant, le pire qui pouvait m'arriver, c'était que ma quantité de travail augmente. Rien d'autre.

Après avoir travaillé un certain temps à l'hôpital, je me dis que ce n'était pas une bonne idée de laisser les enfants seuls la nuit. Alors je quittai cet emploi. Puis, lorsque les choses devinrent à nouveau difficiles, j'allai voir mon père. Là, nous nous disputâmes tellement fort au sujet de mon mari qu'il se mit à hurler :

— Si tu ne retournes pas chez lui, alors disparais d'ici !

Le lendemain, je lui demandai gentiment :

— Baba, pourrais-tu m'indiquer l'adresse de Dada et Boudhi ? Et si tu me donnes un peu d'argent, je pourrai aller là-bas.

Il accepta. Lorsqu'il expliqua mes projets à son ami Patit, celui-ci essaya tant qu'il put de me convaincre de rentrer chez mon mari, mais ma décision était prise et je n'avais pas l'intention d'en changer.

Le lendemain, mon train était à deux heures. Depuis le matin j'étais agitée. Je ne changeai ni les vêtements de mes enfants, ni les miens, et avec Baba, Ma et Petit Kaku, nous nous rendîmes à la gare. Dulal vint lui aussi pour le départ. Baba me tendit le billet. Mes yeux s'emplirent de larmes. Je ne sais pas trop quelles pensées et quelles peurs me traversèrent l'esprit, mais je me retrouvai là à sangloter. Baba était triste parce que maintenant, il n'avait plus aucun de ses enfants auprès de lui. Je pensais aussi à mon mari et tout ce que j'aurais voulu lui dire me revenait en mémoire. Je trouvais difficile de partir, de le quitter. Baba me regarda et dit :

— Pourquoi pleures-tu, mon enfant ? Il est encore temps de changer d'avis. Ça n'est pas grave pour l'argent du billet.

Mais je ne l'écoutai pas. Le train n'allait plus tarder à arriver. Baba nota sur un bout de papier l'adresse de mon frère à Faridabad. Je dis à Dulal :

— Prends soin de toi…

Il prit ma petite fille dans ses bras et la serra fort. Je me demandai pourquoi mon père ne pouvait pas lui aussi me prendre dans ses bras pour me montrer un petit peu d'amour. Je savais qu'il était triste que je m'en aille. Est-ce qu'il avait peur de s'épancher devant Ma ?

J'étais en train de penser à tout cela lorsque le train s'arrêta. Je touchai les pieds de chacun, pris la main de Dulal, puis attrapai mes enfants et montai dans le train. Il se mit en mouvement et, les larmes aux yeux, je fis signe de la main. Je disais adieu.

Le wagon était tellement bondé qu'il n'y avait même pas assez de place pour se tenir debout, et encore moins pour asseoir trois enfants. Je demandai à mon fils aîné, Babu, de ne pas lâcher son jeune frère et sa sœur et de les garder sur le côté pendant que j'allais chercher un endroit où s'asseoir. Après de multiples contorsions, je réussis à trouver par terre un peu de place pour poser mes sacs. J'attrapai les enfants et nous nous installâmes dessus. Les enfants étaient ravis à l'idée de voyager en train, mais j'avais le cœur rempli de crainte : pourrions-nous jamais revenir ? Je laissais tout derrière moi, et qui sait ce que l'avenir me réservait ? Est-ce que je réussirais à m'occuper de ces enfants ? A les élever correctement ? Tandis que mes pensées vagabondaient, la nuit tomba. Je proposai aux enfants de poser la tête sur mes genoux et d'essayer de dormir. Les deux plus jeunes s'endormirent rapidement, mais les yeux de mon fils aîné restaient grands ouverts. Il me regarda :

— Ma, pourquoi n'essaies-tu pas de dormir un peu, toi aussi ?

— Non, mon fils, je n'ai pas du tout sommeil. Je suis seulement un peu inquiète. Tout ce que je fais, c'est pour vous, les enfants, et cependant, je n'ai aucune idée de ce qui nous attend. Est-ce que je vais réussir à m'occuper de vous ?

— Mais moi aussi je vais travailler, comme toi, alors pourquoi s'inquiéter ? Et puis, il y a tes frères, nos oncles, là-bas aussi…

— Oui, mais combien de temps vont-ils pouvoir s'occuper de nous ? Il faudra bien qu'on arrive à se débrouiller tout seuls. De toute façon, on va bien voir comment ça se passe.

— Ma, il faudra que les petits aillent à l'école, ils doivent étudier. Moi, ce n'est pas grave.

Mais je sentais que c'était grave : il avait envie d'aller à l'école, d'apprendre. Moi aussi, je l'avais tellement désiré pour lui. Mais ça ne s'était pas passé ainsi. Il avait une part de responsabilité, mais la plus grande part en revenait à son père. Après tout, est-ce que ce n'est pas le rôle du père de s'occuper de ses enfants ? Cela ne suffit pas d'avoir de l'argent, encore faut-il assumer ses responsabilités. Etait-ce bien normal que je m'use à crier tandis que lui se contentait de regarder ? D'un côté, j'avais fait de mon mieux pour que notre fils devienne un être responsable, et de l'autre, lui le gâtait en lui donnant de l'argent. C'est pour ça qu'il avait arrêté ses études.

Je ruminais toutes ces pensées et le matin arriva sans que je m'en rende compte. Le contrôleur s'avança et je lui montrai nos billets. Il me demanda :

— Pourquoi êtes-vous montés dans ce compartiment ?

Il écrivit quelque chose sur un bout de papier et ajouta :

— Il va falloir payer un supplément de cent soixante-quinze roupies.

J'avais payé nos tickets avant de monter dans le train, alors pourquoi me demandait-il encore de l'argent ? Puis je me dis qu'il valait mieux payer : j'avais de l'argent, alors autant lui donner ce qu'il réclamait, car qui sait ce qu'il pourrait bien faire, surtout que les enfants étaient avec moi ?

Un peu plus tard, un nouveau contrôleur arriva, et la même histoire recommença. Je me sentis terriblement mal. Je me demandai comment j'allais faire manger les enfants si tout l'argent y passait. Je me mis à pleurer. Quand ils virent mes larmes, à leur tour les enfants se mirent à pleurer. Le contrôleur dit alors :

— Prépare l'argent. Je reviens dans un moment.

Un des passagers, un Bengali, demanda à mon fils aîné ce qui se passait, et l'enfant lui raconta toute l'histoire. Alors l'homme nous dit :

— D'accord, attendons que le contrôleur revienne et on va voir. Nous allons lui expliquer l'affaire et il ne vous réclamera plus d'argent.

Je me sentis soudain soulagée. Mais heureusement, le contrôleur ne réapparut pas. Comme le train approchait de Delhi, le monsieur bengali nous demanda où nous avions l'intention d'aller.

— Il y a quelqu'un avec vous ? interrogea-t-il.

Mon fils répondit à toutes ses questions et lui déballa notre vie. J'étais inquiète, j'avais peur qu'il nous dénonce ou nous fasse du mal. Je serrai les enfants contre moi. Tandis qu'il rassemblait ses affaires, le monsieur me dit :

— Ecoute, cet endroit est nouveau pour toi, il faudra faire bien attention. Surtout, garde bien les enfants tout le temps avec toi.

Peu de temps après, le train entra en gare de Delhi. En descendant, je serrais le bout de papier avec l'adresse que Baba m'avait glissé dans la main. Il fallait trouver où prendre le train de Faridabad, alors je demandai un peu partout.

— Faridabad ? Quel Faridabad ? dit quelqu'un.

Mon cœur s'emplit d'angoisse. Est-ce que Baba s'était trompé d'adresse ? Où étais-je ? Que faire à présent ? Où aller avec les enfants ? Puis je pensai à demander aux coolies ; j'en arrêtai un, il ne savait pas. Il demanda à un homme qui nous répondit en hindi que le train pour Faridabad ne partait pas de ce quai. Toujours accrochée à mon bout de papier, je saisis les enfants et, non sans avoir demandé notre chemin à plusieurs reprises, nous atteignîmes l'autre quai.

Là, nous attendîmes l'arrivée du train qui ne tarda pas. Je chargeai mon fils aîné de porter le sac de vêtements, je pris ma fille dans mes bras, j'attrapai la main de mon petit garçon et nous nous forçâmes un passage dans le train. Trois ou quatre stations plus loin, lorsque le train s'arrêta à nouveau, je demandai à une femme si on était à Faridabad : elle me le confirma, alors rapidement j'empoignai les enfants et nos sacs, et nous descendîmes du train.

J'avais sur moi le bout de papier avec l'adresse de mon frère. Je le montrai au conducteur de rickshaw et lui demandai si c'était loin.

— Asseyez-vous, je vous y accompagne, me répondit-il.

Il nous déposa près d'un temple de Hanuman. Une fois là-bas, j'installai les enfants dans une échoppe et interrogeai les passants en hindi pour savoir si on connaissait mon frère, si on savait où il vivait. Mais personne n'avait l'air au courant. Une fois de plus, je me lamentai : mais qu'avais-je donc fait ?

Peu à peu, les gens se rassemblèrent autour de moi. Une femme me dit en hindi :

— N'aie pas peur, ma sœur, nous sommes tous étrangers ici. Nous sommes là avec toi si tu ne trouves personne.

Une femme penjabie s'approcha :

— Viens chez moi. Les enfants doivent avoir faim, je vais préparer quelque chose, comme ça tu pourras les faire manger.

A ce moment-là, un homme arriva et me dit en montrant du doigt une colline toute proche :

— Il y a un baraquement bengali sur cette colline. Peut-être y trouveras-tu tes frères ?

J'allai voir. Il y avait un petit temple, et juste derrière, quelques maisons regroupées en *basti*. Je laissai les enfants sur les marches du temple et entrai dans le *basti*. Je questionnai les habitants mais personne ne semblait connaître mes frères. Je remarquai des gens qui jouaient aux cartes près du temple, j'allai les interroger. Un jeune garçon se releva d'un bond et dit :

— Tu veux parler de celui qui conduit une voiture ?

— Mon frère, est-ce que tu connais son nom, s'il te plaît ?

Quand il me donna exactement le nom de mes frères, je me sentis extrêmement soulagée. Je lui demandai de me dire où ils se trouvaient. Mais il me répondit qu'ils n'étaient plus là, qu'ils étaient partis depuis quelque temps déjà. Il mentionna le nom d'un certain Vimal qui saurait où les trouver :

— C'est lui qui a appris à conduire à ton frère, il saura sûrement où il est.

Je lui demandai alors s'il pourrait avoir la gentillesse de me montrer la maison de Vimal, mais lorsque nous arrivâmes, nous découvrîmes que Vimal était parti au travail. Nous rencontrâmes sa femme qui eut la bonté de nous offrir à déjeuner.

Le soir, quand Vimal rentra, je le questionnai sur mes frères.

— Oh, ils sont à Chakkarpur à présent. Le ticket de bus jusque là-bas coûte vingt ou vingt-cinq roupies.

— Viens avec moi, Vimal, s'il te plaît, tu pourrais me laisser là-bas et revenir, lui dis-je.

Il me répondit qu'il ne pouvait pas nous y conduire tout de suite.

— Mais tu sais que tu as une cousine ici ? La fille de ta tante.

— Une cousine ? La fille de ma tante ? Laquelle ?

— Eh bien, tu te souviens de Badi-Budi ?

— Bien sûr ! Oh, je t'en prie, montre-moi où elle habite.

Je me disais, Dieu merci, j'ai fini par retrouver un membre de ma famille ! Mais autre chose me vint à l'esprit : une fois, je m'étais disputée avec Badi-Budi. Qui sait si elle voudrait bien me parler ? Je suivis néanmoins Vimal jusque chez elle.

Elle était assise sur sa véranda, occupée à préparer des *roti*. Vimal s'adressa à elle :

— Hé, Budi, viens voir un peu qui te rend visite.

Je ressentis un instant de panique : que faire si elle refusait de me parler ? Mais dès qu'elle posa le regard sur moi, son visage s'illumina d'un sourire, et son accueil fut si chaleureux que je sus que notre petite fâcherie était oubliée.

— Pourquoi restes-tu plantée là, Didi ? me dit-elle. Entre, entre. Tu t'es fâchée avec le beau-frère ?

— Oui, si on veut.

— Mais il t'a laissée partir ?

— C'est comme ça... Tu crois vraiment qu'il aurait pu m'arrêter une fois que j'avais décidé de partir ? Bien sûr, quand il va s'en apercevoir, il va faire toute une histoire. Mais ne t'en fais pas ; maintenant dis-moi, où sont Dada et les autres ? Où habitent-ils ? Est-ce que tu crois que je peux y aller tout de suite ?

— A cette heure-ci ? Tu n'y penses pas ! Reste, tu partiras demain matin. Je t'y conduirai après le déjeuner. Mais comment comptes-tu t'organiser là-bas avec les enfants ?

— Pourquoi est-ce que je n'y arriverais pas ? Je n'ai pas l'intention de vivre aux crochets de mes frères. Je trouverai du travail...

— Travailler ne devrait pas poser de problème : il y a beaucoup de femmes qui travaillent là-bas. Tant de femmes seules, séparées de leur mari, qui essaient de gagner leur vie... Tu trouveras certainement un emploi, mais le problème, c'est qu'à partir de là, tu ne pourras plus vivre chez tes frères, il faudra que tu loues quelque chose.

Vimal se leva et annonça qu'il devait partir. Je lui demandai s'il pensait que je trouverais du travail là-bas. Il me répondit que oui, et que si ce n'était pas le cas, je pourrais toujours revenir ici. Puis il s'en alla.

A peine eut-il tourné les talons que Badi-Budi me demanda :

— Alors, quel était le sujet de cette dispute qui t'a obligée à fuir Durgapur ?

Je lui racontai tout en détail.

— Je suis surprise que tu aies réussi à venir de si loin avec trois enfants et tous ces bagages. Comment t'es-tu débrouillée ?

— Quoi, qu'est-ce qu'il y a de difficile ? Tu sais, avec une adresse ou un point de chute, on peut parcourir de longues distances.

Le lendemain matin, je levai les enfants, les fis manger, les lavai soigneusement : ils n'avaient pas pris de bain ni un bon repas depuis deux longues journées. Nous réussîmes à nous mettre en route à deux heures. Nous prîmes un rickshaw jusqu'à l'arrêt de bus. Le mari de Badi-Budi nous accompagna jusqu'au bus et demanda au chauffeur de nous laisser à l'embranchement de Chakkarpur. Quand nous arrivâmes à l'arrêt, nous descendîmes du bus et nous mîmes en chemin. Non loin de la route, nous vîmes la plus âgée de mes belles-sœurs et sa fille qui se lavaient les pieds devant chez elles.

— Regarde, il y a ta belle-sœur ! s'exclama Badi-Budi.

En m'approchant, je constatai à quel point elle était pâle et amaigrie. Elle m'adressa à peine la parole. Je regardai Badi-Budi : elle comprit immédiatement ce que je voulais dire et avant que j'aie le temps d'ouvrir la bouche, elle s'exclama :

— Ecoute, si tu restes ici avec eux, tu vas être bien malheureuse ! Tu ne le supporteras pas. Il faudra que tu leur obéisses. Souviens-toi, dès que tu as un travail, trouve-toi un petit endroit où t'installer. Ne reste ici que le temps nécessaire – tu n'as pas trop le choix.

Je pensai qu'elle avait tout à fait raison : je savais que c'était exactement ce qui allait se passer.

— Et si je ne trouve pas de travail ? lui demandai-je.

— Il n'y a aucune raison. Tu vas y arriver. Il suffit que tu cherches un peu partout.

La maison de mon frère cadet était proche de celle de Dada. J'y allai avec Budi mais là aussi, je fus confrontée à la même réaction : après m'avoir jeté un coup d'œil, ma belle-sœur se détourna. Je venais de si loin et, au lieu de me mettre à l'aise, mes belles-sœurs se comportaient comme si j'étais pour elles un poids énorme. J'interrogeai Budi :

— Eh bien, crois-tu que je vais pouvoir vivre ici ? Ce que j'en vois me donne le sentiment que je ferais mieux de partir tout de suite…

Le lendemain matin, Budi s'apprêta à me quitter. Il n'y avait maintenant plus personne chez mes frères pour me parler ne serait-ce que par politesse. Avant de partir, Budi me rappela :

— Souviens-toi, si tu ne trouves rien ici, reviens chez moi. Je serai toujours là.

Cela me rassura un peu. Je me dis que si jamais je devais partir, je pourrais au moins aller chez elle – et qui sait, je pourrais peut-être même y trouver du travail.

Budi s'en alla et moi je retournai chez Dada. Il me semblait que mon plus jeune frère s'en sortait mieux que l'aîné : il travaillait comme chauffeur et son salaire était honnête. J'avais pensé rester chez lui quelques jours mais sa femme était si hostile que je décidai de m'abstenir. Mais chez mon frère aîné il n'y avait qu'une pièce pour lui, sa femme et ses quatre filles. Comment pourraient-ils bien partager ce tout petit espace avec mes enfants et moi ?

J'étais absorbée dans mes réflexions quand mon frère et Ratan, le fils de Badima, arrivèrent. La sœur de Ratan avait épousé mon frère cadet. Lui aussi vivait à Durgapur, et lorsque mon père avait appris que Ratan cherchait du travail, il lui avait suggéré de m'emmener avec lui à Chakkarpur où il avait décidé de se rendre. A l'époque, Ratan avait accepté, aussi, lorsque je le vis, je lui demandai :

— Hé, Ratan, depuis quand es-tu ici ?

Il me répondit qu'il n'était là que depuis quelques jours.

— Mais tu devais m'emmener avec toi. Que s'est-il passé ?

— Tout le monde me l'a déconseillé : que pouvais-je bien faire ?

En entendant cela, Dada se mit à me réprimander :

— Pourquoi as-tu tout quitté pour venir ici ? Si tu étais obligée de partir, tu aurais dû au moins venir avec Shankar. Ratan est chez moi depuis un petit moment, et maintenant toi, tes enfants, comment veux-tu que je me débrouille pour vous accueillir tous ici ?

Je ne lui répondis pas. Je savais que ça le rendrait furieux. Il finit par se calmer. Peu de temps après, un jeune homme de sa connaissance vint lui rendre visite. Il s'appelait Subhash et habitait tout près, dans une chambre qu'il louait. En parlant avec lui, soudain, mon frère se tourna vers moi et me dit :

— *Arre !* Baby, j'avais complètement oublié ! J'ai une autre pièce dont je ne me sers pas, donc je paie un loyer pour rien. J'avais dans l'idée d'y ouvrir un magasin. Pourquoi n'emménagerais-tu pas là-bas ? Tu pourrais y rester jusqu'à ce que tu trouves un emploi, et s'il en a envie, Ratan pourrait aussi s'installer avec toi.

Je jetai un coup d'œil à Ratan. L'idée semblait lui plaire à ce que je voyais. Dada comprit que cet arrangement nous convenait, alors il dit à son ami Subhash :

— Tu sais, Subhash, en ce moment, tu fais la cuisine pour toi tout seul. Pourquoi n'amènerais-tu pas tes casseroles chez Baby, elle pourrait préparer les repas pour toi et sa famille. En ce moment, elle a quelques problèmes, alors ta batterie de cuisine lui sera bien utile, et tu pourrais la payer en lui donnant ce que tu dépenses habituellement pour ta nourriture. Dès qu'elle aura trouvé du travail, elle te rendra ton matériel.

Subhash trouva que c'était une excellente proposition et les derniers détails furent mis au point.

Il s'écoula quelques jours avant que je quitte la maison de mon frère. J'allai chercher les ustensiles de cuisine chez Subhash, mais il me fallut du temps pour nettoyer les lieux et les aménager à ma convenance. Et c'était difficile de trouver du temps car je passais mes journées à faire du porte-à-porte pour trouver un travail et à me demander comment j'allais réussir à nourrir les enfants. Le soir, quand je rentrais, j'allais manger soit chez Dada, soit chez mon plus jeune frère. Mais je ne me sentais pas bien : comme personne ne me parlait gentiment, je n'éprouvais aucun plaisir en leur compagnie. Ce qui me réjouissait le plus, c'était l'idée que lorsque j'emménagerais dans mon nouveau « chez-moi », je ne rencontrerais mes belles-sœurs que lorsque j'en aurais envie !

Le fait d'être chez moi signifiait plus de travail mais également plus d'argent. Subhash et Ratan me donnaient chacun vingt roupies par jour et de temps à autre mon frère me glissait dans la main un peu d'argent sans rien dire à personne. Le matin, je préparais à manger pour tout le monde puis je partais à la recherche de travail, mais j'étais partout confrontée à la même question :

— Où est ton mari ?

Et aussitôt que j'avouais qu'il n'était pas avec moi, qu'il était resté au village, tout espoir de travail disparaissait.

Je passais de nombreuses heures et de longues journées dans mes recherches, mais partout je rencontrais la même résistance. Aussi, je commençais à m'inquiéter pour l'avenir. J'avais vraiment peur de devoir retourner chez mon mari.

De son côté, mon frère m'aida aussi dans mes recherches, mais en vain. Finalement, il me dit un jour :

— Pourquoi n'irais-tu pas chercher Shankar ?

Mais moi, je me dis que si c'était la seule solution, alors j'aurais tout aussi bien fait de rester là-bas avec lui. Je n'avais sûrement pas fait tout ce chemin et vécu toutes ces épreuves pour revenir à mon point de départ. Régulièrement, mon frère et sa femme soulevaient la même question. Comme s'ils avaient appris la leçon par cœur, ils ne cessaient de me répéter que je n'aurais jamais dû le quitter. Ils étaient convaincus qu'il aurait été préférable que je meure plutôt que de quitter la maison de mon *swami*, mon seigneur et maître. Personne ne faisait le moindre effort pour essayer de comprendre pourquoi j'étais partie. Plus que tout, ce que je voulais, c'était une vie heureuse pour mes enfants. Ce n'est pas tout de mettre un enfant au monde, encore faut-il en assumer la responsabilité : lui permettre de devenir un être humain. Mon mari ne pouvait pas – ou ne voulait pas – le comprendre. Autrement, il aurait partagé cette responsabilité, mais cela ne l'intéressait pas. Il aurait fallu une atmosphère et un environnement propices, mais il ne voulait rien faire pour changer la situation, et c'était un sujet sur lequel nous nous disputions devant les enfants. C'était cela qui avait fini par me convaincre que les choses ne marcheraient pas, qu'il me faudrait être forte pour me sortir de ce gâchis.

Alors je me disais : si les gens pensent que j'ai fait le mauvais choix, eh bien tant pis. Je continuerai à chercher du travail et un jour, d'une manière ou d'une autre, j'en trouverai. Il y avait tant de gens qui travaillaient dans le quartier, je n'avais aucune raison d'être la seule à ne pas en trouver. J'étais sûre de trouver un emploi : j'étais prête à tout pour cela.

Un jour où mon jeune frère et moi étions en train de nous disputer à ce sujet, Nitai, un ami de mon frère aîné, arriva. Quand il eut pris connaissance de ma situation, du fait que j'errais à droite et à gauche en quête d'emploi, il me dit :

— Ne t'en fais pas, Didi, fais-moi confiance, je vais te trouver du travail.

Entre-temps, Dada s'activait également de son côté et un jour, ma belle-sœur me conduisit dans une grande maison toute proche. Elle avait parlé aux propriétaires et une fois là-bas, elle m'expliqua tout. C'est ainsi que je trouvai enfin mon premier emploi.

Mais j'y étais à peine depuis quelques jours que les gens se mirent à parler autour de moi :

— Oh ! C'est dans cette maison que tu travailles ? Mais ce sont de très mauvais patrons, et ils ne paient pas bien. En fait, ils sont prêts à tout pour éviter de payer leurs employés… et en plus, ce sont des gens difficiles à contenter.

Tout le monde disait toutes sortes de choses, mais je me refusai à y prêter attention et continuai à travailler. Cela m'avait pris tellement de temps pour trouver cette place que j'aurais été bien inconséquente d'écouter les gens avant même de me faire ma propre idée ! Ils me donneraient bien quelque chose à la fin du mois ! Une semaine s'était à peine écoulée que Nitai, l'ami de Dada, apparut :

— Didi, je t'ai trouvé du travail dans une grande *kothi*. Tu devrais venir avec moi pour voir de quoi il s'agit.

Je l'accompagnai sur-le-champ.

En chemin, je voulus savoir si les gens qu'il avait trouvés pourraient me loger. Il me répondit qu'il leur en avait parlé, mais que je devrais aborder moi-même la question avec eux. Lorsque nous arrivâmes, j'attendis dehors tandis que Nitai allait sonner. Une femme sortit. Elle avait l'air vraiment agréable, du moins en apparence. Nitai parla avec elle pendant que je patientais tranquillement. Au bout d'un moment, elle me demanda :

— Est-ce que tu peux travailler du matin huit heures à sept heures le soir ?

— Oui, mais ce serait pratique pour moi d'avoir un petit coin ici, parce que sinon, il faudra que je laisse mes enfants seuls toute la journée. Donc, si vous pouvez me loger, je travaillerai pour vous nuit et jour.

Nous convînmes que je reviendrais le lendemain matin à huit heures. Je retournai aussitôt chez mes patrons pour leur annoncer que je les quittais, mais à peine quelques heures plus tard, Nitai revint m'annoncer qu'il serait préférable que j'attende un peu :

— Les gens ont dit qu'ils ne t'embaucheront que dans quelques jours.

Quel choc pour moi ! Qu'avais-je donc fait ? Comment avais-je pu être aussi stupide, aussi légère ? J'avais suivi ses conseils, j'avais laissé tomber ce que j'avais, qu'allaient dire mon frère et ma belle-sœur lorsqu'ils l'apprendraient ? La *memsahib* de la maison où j'avais travaillé quelques jours vint me voir pour me reprendre chez elle :

— Ecoute, si tu ne reviens pas travailler chez moi, je ne te donnerai rien pour les journées que tu as faites ici.

Tant pis, me dis-je, je ne serai pas payée. Et je m'en allai.

J'avais écouté Nitai, j'avais laissé tomber mon emploi, mais ensuite, je me raisonnai, ce n'était pas de sa faute. Après tout, il n'avait fait que me rapporter ce que les gens lui avaient dit. La faute n'en revenait qu'à moi : j'avais quitté mon ancienne place avant même d'avoir convenu quoi que ce soit avec mon nouvel employeur. Que faire à présent ? Je me dis que le mieux était de retourner là où Nitai m'avait conduite et de leur demander directement quand je pourrais commencer. J'allai donc là-bas, je sonnai, et aussitôt un jeune garçon de seize ou dix-sept ans sortit. Je lui demandai d'appeler la *memsahib* et lorsqu'elle sortit, son visage s'assombrit :

— Oh, tu es donc revenue. Mais pourquoi ? J'ai dit à Nitai que je lui ferai savoir si j'ai besoin de toi.

— Ecoutez, après notre accord, j'ai quitté mon ancienne place, que vais-je devenir maintenant ? C'est tellement difficile de trouver du travail.

— D'accord, attends une minute, je vais voir ce que je peux faire.

Elle rentra chez elle puis ressortit avec du riz et un peu d'argent qu'elle m'offrit.

— Prends ça, fais manger tes enfants, et dès que j'aurai besoin de toi, je te le ferai savoir par Nitai.

Je pris le riz et l'argent et j'allai voir Nitai qui travaillait comme concierge dans une maison non loin de là. A ce moment-là, ses employeurs étaient absents. Je sonnai et il se pencha du troisième étage pour demander qui c'était. Quand il me vit, il descendit ouvrir la porte. Avant que je puisse dire quoi que ce soit, il m'attira à l'intérieur. Là, je découvris mon frère et sa femme qui furent bien surpris de me voir. Bien que ma belle-sœur ne me parlât pas aimablement, je leur demandai quand ils étaient arrivés.

Ils ne me répondirent pas, mais Nitai m'expliqua qu'ils étaient venus le voir et qu'il avait réussi à les convaincre de rester. Devant leur air distant, mon instinct me dit de partir, mais Nitai insista pour que je reste ; plus Nitai insistait, plus le mécontentement de mon frère augmentait, mais Nitai ne me laissa partir qu'une fois qu'il nous eut servi une collation.

Après mon départ, Nitai et mon frère eurent des mots au sujet de ma visite. Nitai dit à mon frère :

— C'est ta sœur et elle est comme une sœur pour moi aussi. Regarde comme elle se démène pour trouver du travail. Les choses ne sont pas faciles pour elle, mais vous autres, vous ne faites rien pour l'aider. Elle est venue me voir en quête d'une place et je lui ai parlé des voisins, c'est pour ça qu'elle est venue ici, pour me raconter comment ça s'est passé. Toi, tu viens bien chez moi, alors si ta sœur vient aussi, où est le problème ?

À ces mots, mon frère, le vrai, le frère de sang, répliqua :

— Si elle vient te voir, je te retire mon amitié.

C'est Nitai qui me rapporta tout cela par la suite. Je n'en fus pas surprise. En fait, en repartant de chez lui, je l'avais prévenu que mon frère risquait de lui dire des choses désagréables sur ma visite. Si c'est comme ça que mon frère me juge, pensai-je, pourquoi s'étonner de ce que disent les autres ?

Le lendemain, j'allai demander à Nitai si les propriétaires d'à côté lui avaient dit quelque chose. Nitai me demanda :

— Ils continuent à se défiler ? Mais comment te débrouilles-tu pour faire manger les enfants ?

Il savait parfaitement comment mon frère se conduisait envers moi.

— Attends ici, je vais les voir.

Il me quitta pour aller chez la *memsahib*.

J'appris plus tard qu'il lui avait demandé pourquoi elle ne m'avait pas donné de réponse claire.

— Pourquoi ne lui faites-vous pas savoir si oui ou non vous avez besoin d'elle ? Pourquoi la laisser dans le doute ?

Tout cela n'irrita pas la *memsahib* le moins du monde :

— D'accord, mon fils, je te le ferai savoir demain matin.

C'est ainsi qu'elle me fit patienter encore une semaine ou dix jours, et puis tout à coup, sans prévenir, elle se rendit un après-midi chez Nitai.

— Va vite la chercher, dis-lui de venir tout de suite si elle veut vraiment travailler.

Nitai se hâta donc de venir me dire :

— Viens vite, elle t'appelle.

Je me rendis là-bas, il était trois ou quatre heures de l'après-midi et elle me garda jusqu'à huit heures. J'étais soucieuse pour mes enfants que j'avais laissés sans prévenir personne. Vers huit heures, la *memsahib* vint me dire :

— Je pourrai te laisser un petit coin où t'installer, mais pas tout de suite. Ça va prendre un peu de temps, mais je t'informerai. Pour le moment, tu viendras travailler comme ça tous les jours.

En l'occurrence, je n'avais pas vraiment le choix, alors j'acceptai.

Le lendemain, je partis travailler vers huit heures. Je découvris alors qu'il y avait trois autres employés et que ma tâche consistait à m'occuper de la maison. Ils avaient l'air de beaucoup apprécier mon travail. Il y avait une autre fille avec moi, et au début, elle ne me parlait pas car elle n'avait pas compris que j'étais bengalie. Un jour, je m'adressai à elle en hindi pour lui demander d'où elle venait. Quand elle prononça Calcutta, je me mis à lui parler en bengali et je lui demandai si elle-même était bengalie. Elle en fut tout interloquée et elle me regardait bouche bée quand je déclarai :

— Moi aussi je suis bengalie, alors nous pouvons nous parler dans notre langue !

Mais les maîtres n'aimaient pas beaucoup que leurs domestiques parlent entre eux. S'ils les voyaient rester assis, debout ou tout simplement en train de parler, aussitôt ils les réprimandaient. La fille bengalie était heureuse que nous soyons de même origine, et elle m'avoua qu'elle était rassurée, maintenant qu'elle savait d'où je venais.

— Je me suis sentie bien seule, dit-elle, et c'est bon de savoir qu'il y a quelqu'un à qui parler. Mais notre maîtresse n'aime pas beaucoup qu'on bavarde entre nous, alors que faire ?

Je me dis qu'en effet, nous ne pouvions pas faire grand-chose. De toute façon, j'avais besoin de cette place et je serais restée sous n'importe quelles conditions. Je n'avais nulle part où aller.

Au bout de quelques jours à peine, la *memsahib* m'appela :

— Baby, viens là.

Je me précipitai, inquiète que quelque chose se soit produit pour qu'elle me convoque ainsi. Elle me dit :

— Va préparer tes affaires, prends tes enfants et reviens ici.

Mais comment allais-je donc faire tout cela ? Comment, à sa simple demande, empaqueter toutes mes affaires pour les rapporter ici ? Il fallait d'abord que je baigne les enfants, que je lave et fasse sécher les vêtements... Alors je lui dis :

— Aujourd'hui je n'y arriverai pas. Je viendrai dans deux jours. Je vis dans la gêne depuis tant de temps que je ne suis plus à un jour près. Je vais finir tout ce que j'ai à faire à la maison, je dois faire couper les cheveux des enfants et tout un tas d'autres petites choses.

Mais cela irrita la *memsahib* au plus haut point :

— Quand tu n'avais pas d'endroit où aller, tu suppliais pour en avoir un, et maintenant que je te donne un petit coin, on dirait que tu n'en veux plus !

Comment protester ? Je réfléchis. En ce moment, il faut que je laisse mes jeunes enfants et que je fasse tout un périple pour venir travailler. Qui sait ce qu'ils doivent entendre en mon absence ? Puis, quand je rentre du travail, ils se jettent sur moi en criant « Ma, Ma » d'une voix si bouleversante que je me sens mal, et chaque jour ils me demandent pourquoi je rentre si tard. Comment leur expliquer que quand on travaille pour quelqu'un, on ne peut pas se libérer sans autorisation ?

Mais la *memsahib* ne s'était pas calmée, alors je lui dis :

— D'accord, ce soir j'irai chercher mes enfants et toutes mes affaires.

— Pas ce soir, vas-y tout de suite ! Laisse tomber ce que tu es en train de faire et rapporte tout de suite tes affaires !

Je lui obéis et partis rapidement chez moi. Mon frère fut surpris de me voir :

— Si tôt aujourd'hui ? Il y a un problème ?

— Je suis venue chercher les enfants, la *memsahib* m'a demandé de tout rapporter immédiatement...

177

— Va, va, c'est parfait, va vite.

Je me dis qu'ils devaient tous être bien soulagés de me voir partir. Mon frère avait trouvé un travail à mon fils aîné dans une maison, mais je n'avais aucune idée de l'endroit où c'était ni de la façon de le retrouver. Alors je demandai à Dada de garder l'œil sur lui, je rassemblai mes affaires, pris mon benjamin et ma fille et retournai rapidement chez la *memsahib*. Il devait être huit ou neuf heures lorsque nous arrivâmes. Je sonnai et aussitôt la *memsahib* apparut avec la bonne bengalie. Elle me demanda :

— Pourquoi as-tu mis tant de temps ? Allez, maintenant va te coucher. On n'a pas besoin de tes services dans l'immédiat.

Je constatai qu'elle n'avait même pas demandé si nous avions mangé. Heureusement, j'avais acheté au magasin ce qu'il fallait pour les enfants, parce que je m'étais dit que je n'aurais pas le temps de faire la cuisine.

Nous nous arrangeâmes pour passer la nuit. A partir du lendemain, ma charge de travail s'accrut de telle manière que j'avais parfois à peine le temps de respirer. Je ne comprenais pas pourquoi on était sans cesse sur mon dos : « Fais ci, fais ça, il y a quelque chose à faire ici, et encore là-bas… » et comme ils m'avaient donné un gîte, je ne pouvais rien dire. Il m'arrivait souvent de travailler jusqu'à onze heures du soir, et on ne s'inquiétait pas de savoir si mes enfants avaient faim ou si je pouvais aller jeter un coup d'œil sur eux. De plus, avant d'aller dormir, il fallait que je prépare à manger pour le lendemain, ce qui m'amenait souvent à me coucher très tard. Je devais me lever avant six heures – la *memsahib* m'appelait chaque matin. Comme j'ai le sommeil léger, je me réveillais dès le premier appel, mais elle continuait à pousser des cris jusqu'à ce que je finisse par apparaître.

Je devais préparer le petit déjeuner de sa fille qui travaillait dans un bureau à Delhi et partait à huit heures. Le soir, elle rentrait vers six heures. Il fallait que j'attende l'arrivée du bus au portail, que je porte son sac et ses affaires, et que je l'accompagne jusqu'à l'intérieur de la maison. Certains jours, si j'étais en retard, je me faisais chapitrer. Il fallait également que je lui prépare des fruits, et dès qu'elle s'asseyait, je lui proposais du thé, de l'eau, du *sherbet*, tout ce qu'elle voulait. Ensuite, si elle le désirait, je devais lui masser la tête, ou les pieds, et Dieu sait quoi encore : je n'en voyais jamais la fin.

Il arrivait que le *sahib* dise à sa femme :

— Regarde, cette fille a besoin de se reposer, elle aussi. Pourquoi ne lui laisses-tu pas un peu de répit ? Je suis sûr qu'elle aimerait bien passer un peu de temps avec ses enfants !

Mais cela ne convenait pas à sa femme. Je comprenais tout mais je ne disais rien : si elle me jetait dehors, où pourrais-je bien aller ? Je ne pouvais pas vivre chez mes frères, mais il fallait bien que j'aille chez eux, car c'était pour moi le seul moyen d'avoir des nouvelles de mon fils aîné, mais la *memsahib* ne m'autorisait pas à sortir. Si je lui disais que je voulais aller prendre des nouvelles de mon fils, elle me répondait : « Non, pas tout de suite, il y a trop de travail. » Si je lui disais qu'il fallait que je fasse des provisions, elle me demandait de rentrer à une certaine heure. Si j'arrivais en retard, elle criait après moi. Je n'avais le droit d'aller nulle part, de ne parler à personne. C'était des conditions vraiment difficiles. Mais je ne connaissais personne à qui demander de m'aider à trouver un autre travail. Curieusement, elle n'était pas sur le dos des autres personnes qui travaillaient dans cette maison. Moi, j'étais celle qui avait les tâches les plus dures : elle pensait peut-être que le fait de nous loger moi et mes enfants lui donnait des droits sur moi.

D'une certaine manière, les choses n'allaient pas si mal. Je vivais dans une grande maison. Nous mangions relativement bien. Je touchais régulièrement mon salaire et j'avais même réussi à économiser un peu. Mais mon fils me manquait et il m'arrivait souvent de m'asseoir et de pleurer en pensant à lui. La fille bengalie m'encourageait à demander à la *memsahib* un jour de repos pour aller chercher mon fils :

— Allez, va lui demander ! A quoi ça sert de pleurer comme ça ? Je ne sais pas comment tu supportes de ne pas savoir ce que devient ton fils.

Et je pensais qu'en effet, j'étais bien la seule à être capable de le supporter.

Un jour, en rentrant du marché, je décidai d'aller chez Dada. Alors je vis mon fils assis dehors. C'était terrible, il donnait l'impression d'être couvert de coupures et de bleus aux mains et aux pieds, et il n'arrivait pas à marcher correctement. Son pied saignait. J'étais tellement bouleversée que je me demandai s'il était au moins nourri là où il travaillait. Je décidai de l'emmener chez le médecin : au moment où je partais, mon frère nous vit et vint me dire :

— Pourquoi ne le renvoies-tu pas chez lui ? Si tu ne veux pas y retourner, c'est ton choix, mais renvoie ce garçon chez son père. Ou sinon, emmène-le.

— Dada, je vis dans la maison de quelqu'un. J'ai déjà deux enfants avec moi. Ils ne me laisseront jamais en prendre un autre. Je t'en prie, garde-le encore un peu avec toi, au moins jusqu'à ce que je trouve un autre travail ou une maison à louer, et je reviendrai le chercher.

Puis je partis.

Quand je rentrai, la *memsahib* me donna des tâches l'une après l'autre : « Fais ci, fais ça, non, finis d'abord ça… » Je me rendais bien compte qu'elle était agacée par mon retard. Elle finit par m'interroger :

— Pourquoi étais-tu tellement en retard ?

— Je me suis arrêtée chez mon frère. Je voulais voir mon fils. Il ne va pas bien et j'ai dû l'accompagner chez le médecin. J'y retourne demain.

Elle était furieuse :

— Oui, oui, va ! Vas-y tous les jours si tu veux. Laisse tomber le travail et disparais ! Va traîner dehors.

Je trouvais que je n'avais pas traîné – quand avais-je jamais eu la possibilité ne fût-ce que de me promener ? Je n'aimais pas du tout ses manières avec moi. Elle ne me laissait pas voir mon fils qui, s'il lui prenait l'idée de venir, n'avait pas le droit d'entrer dans la maison. Il fallait que je sorte pour lui parler, et même pour cela, j'avais un temps limité. J'étais privée de mon petit, et j'imaginais qu'il avait sans doute parfois envie de parler à sa mère, mais également à ses frère et sœur. La bonne bengalie avait sympathisé avec moi et m'encourageait à chercher une autre place. Elle ne cessait de me demander comment je faisais pour tenir. Et elle avait raison, j'étais rongée d'inquiétude pour mon fils. Je m'inquiétais de savoir s'il mangeait bien, s'il vivait bien… et tout cela me coupait l'appétit. Je n'avais pas le cœur à l'ouvrage… alors je devais constamment subir des récriminations.

La famille pour laquelle je travaillais avait un chien qui s'appelait Kesfo. Il me donnait bien plus d'amour et d'attention que la famille ne l'avait jamais fait. Quand j'étais triste, il venait se pelotonner contre moi, me lécher les pieds, me câliner avec sa truffe. Il comprenait ma détresse. Quand je le caressais en guise de réponse, il se mettait à remuer la queue. Nous devînmes bientôt si bons amis qu'en dehors de moi, il refusait que quiconque s'occupe de lui. C'était moi qui lui donnais à manger. Moi qui le promenais pour qu'il fasse ses besoins. Et si je laissais ma porte ouverte, il entrait en courant et sautait s'installer sur ma paillasse. Si j'étais endormie, il me réveillait pour me faire comprendre qu'il avait besoin de sortir. Cela me faisait plaisir de le promener car alors, je me sentais en sécurité : quand j'étais avec lui, personne n'osait m'inquiéter, que ce soit le matin ou le soir.

La *memsahib* et le *sahib* sortaient souvent et rentraient très tard, parfois vers deux ou trois heures du matin, et il fallait que je reste éveillée pour leur ouvrir la porte à leur retour. Les autres domestiques, y compris Anjali, la jeune Bengalie, étaient généralement endormis à cette heure-là. Anjali et le cuisinier Bhajan avaient une relation curieuse. Elle décidait tout à coup de ne plus lui adresser la parole, alors il venait me voir et me disait :

— Baby, demande-lui de venir me parler.

Ils étaient toujours à se disputer et se chamailler, et ensuite ils me couraient après pour que je les aide. Mais quand je leur disais d'arrêter de se disputer, cela n'y changeait rien. Tout cela prit fin le jour où Bhajan apprit que sa mère était très malade. Il reçut une lettre de son père et fut tellement peiné pour sa mère qu'il se mit à pleurer. Quand il m'annonça la nouvelle, il avait déjà demandé à la *memsahib* un congé pour aller voir sa mère, mais avait essuyé un refus. J'eus de la peine pour lui :

— Va lui montrer la lettre, ça pourrait l'aider à changer d'avis.

Il finit par faire lire la lettre au *sahib* qui accepta de lui donner un congé. Le *sahib* nous traitait bien mieux que sa femme, et parfois même, lorsqu'elle était en colère contre moi, il intervenait pour la calmer.

Le lendemain, Bhajan s'apprêta à rentrer chez lui. Il attendait juste d'être payé, mais nos employeurs n'étaient pas disponibles et une fois de plus, il se mit à pleurer. Vers deux heures, le *sahib* vint lui parler et lui fit promettre qu'il reviendrait. Bhajan répondit qu'il allait d'abord voir comment ça allait chez lui et qu'ensuite il appellerait. Alors le *sahib* lui donna l'argent qu'il lui devait, plus un petit supplément, et lui assura que s'il revenait dans un mois, il lui paierait aussi ce mois-là. Au moment du départ, Anjali et moi lui conseillâmes de rentrer à la fin du mois. Puis notre *sahib* l'accompagna à la gare.

Dans la maison, il ne restait plus qu'Anjali et moi. Je me disais qu'ils allaient tous partir et qu'il ne resterait plus que moi. Mais de toute façon, je n'avais nulle part où aller. Anjali me dit :

— Pourquoi ne demanderais-tu pas à Nitai de te trouver une place ? Tu devrais essayer de lui en parler une fois au moins.

J'allai le voir deux ou trois jours plus tard, mais il ne sembla guère disposé à me venir à nouveau en aide. Il était à présent marié et vivait dans sa belle-famille.

J'avais rencontré quelques personnes qui travaillaient dans les environs et je me dis que je pourrais leur demander de me trouver une autre place.

Un jour, Anjali accompagna la *memsahib* à Delhi. Elles se rendirent au bureau par l'intermédiaire duquel la maîtresse avait embauché la jeune fille. Il y avait là des gens du même village qu'Anjali, c'étaient ceux-là mêmes qui l'avaient recommandée à notre *memsahib*. Dans son contrat, il avait été convenu qu'elle aurait deux jours de congé par mois et qu'elle pourrait revenir au bureau pour passer du temps avec les siens. Ce jour-là, dès qu'elle en eut l'occasion, elle se mit à se plaindre et à raconter aux employés du bureau toutes sortes de choses sur notre *memsahib* : que sa maîtresse n'avait aucune bonté d'âme, que le fait de payer votre travail signifiait pour elle que vous lui apparteniez – tout cela et plus encore. La *memsahib* ne souffla mot et garda malgré tout Anjali à son service, peut-être simplement parce que les employés ne faisaient jamais long feu chez elle. Car comment la supporter, vu la manière dont elle nous traitait ?

La fois suivante, quand elle retourna au bureau, Anjali ne rentra pas. Je ne savais pas qu'elle ne reviendrait pas. Elle était payée mille deux cents roupies par mois et elle m'avait confié une bonne partie de ses économies. J'imaginai que les gens du bureau lui avaient trouvé une autre place mais qu'elle ne le savait pas, sinon elle aurait certainement emporté son argent. Elle ne voulait pas rester chez notre *memsahib*, mais je pense qu'elle ne voulait pas non plus aller à Delhi. Elle voulait demeurer dans le quartier. Elle avait une bonne raison. Dans la maison d'en face, il y avait un jeune homme de son village dont elle était devenue très proche ; ils se connaissaient déjà

184

au village, mais profitaient à présent de la moindre occasion pour se retrouver. Le garçon, Ramprasad, avait soudainement dû rentrer chez lui pour une urgence. Il avait promis à Anjali de revenir quinze jours plus tard, mais il ne revint qu'au bout de deux mois. Et Anjali n'était plus là. Son chagrin fut immense. J'essayai de lui parler, de lui expliquer qu'il aurait dû revenir plus tôt, ou au moins lui faire part de ses intentions, mais il demeurait inconsolable.

Deux ou trois semaines plus tard, Anjali réapparut avec des amis à elle, garçons et filles. Après son départ, comme je n'avais pas de ses nouvelles, j'avais remis son argent à notre *memsahib*. C'était une de mes vieilles habitudes : dès que je trouvais quelque chose qui traînait, je le lui donnais, et c'était sans doute la raison pour laquelle on me faisait confiance. Lorsque Anjali revint et réclama son argent, je lui demandai d'attendre car notre *memsahib* était sortie. Elle répondit qu'elle l'attendrait dehors mais insista pour que je lui rende l'argent. Elle fut très ennuyée lorsque je lui expliquai que je l'avais confié à la *memsahib*. Je lui assurai qu'elle récupérerait son argent : si ce n'était pas le cas, je quitterais mon emploi et lui rendrais l'argent qui lui était dû. A peine avais-je fini de parler que la *memsahib* arriva. Elle fut surprise de voir Anjali et fit tout son possible pour la persuader de revenir à son service. Mais Anjali demeura inflexible.

Dès que j'en eus l'occasion, je lui glissai que Ramprasad était revenu et qu'elle pourrait au moins prendre une petite minute pour le voir avant de repartir. Mais cela ne semblait plus l'intéresser. Elle mit un doigt sur ses lèvres et me demanda de me taire. J'avais hésité à parler de lui, mais je me disais qu'elle devait au moins connaître ses sentiments. Ça me rendit triste qu'elle s'en aille, j'avais envie de pleurer. Je repensai à toutes ces fois où elle avait été d'un tel réconfort pour moi quand j'allais vraiment mal, et je réalisai que je n'aurais désormais plus personne à qui parler. Mes enfants aussi l'aimaient beaucoup. Ils la réclamaient souvent, ils voulaient savoir quand elle reviendrait. Elle leur donnait souvent des restes de nourriture, ce qui me causait du souci : si la *memsahib* venait à le découvrir ? Elle pourrait croire que je les avais volés ! Mais c'était cette même Anjali qui nous quittait, sans même avoir pris la peine de demander des nouvelles de mes enfants.

Dès qu'elle eut reçu son argent, Anjali s'apprêta à partir. Je lui dis :

— Anjali, aurais-tu complètement oublié Ramprasad ? Tu ne peux pas au moins aller le voir ?

Mais elle fit la sourde oreille à mes suppliques et disparut rapidement avec ses amis. L'unique chose qu'elle me dit fut que si je voulais la contacter, je pourrais retrouver son adresse par l'intermédiaire du bureau qui l'avait recrutée. Après son départ, je me précipitai sur le toit pour lui faire des signes d'adieu, mais elle ne tourna même pas la tête. Riant et discutant avec ses amis, elle partit, sortant définitivement de nos vies. Comme les gens peuvent changer !

J'étais encore sur le toit, perdue dans mes pensées, lorsque la *memsahib* m'appela. Je descendis et tout recommença : « Fais ci, fais ça... » J'étais la seule à être restée dans cette immense maison et il fallait que je me charge de tout le travail. De nouvelles personnes étaient régulièrement embauchées, mais aucune ne restait plus d'un jour ou deux. En plus, ils avaient entrepris des travaux au sous-sol de la maison, et comme les propriétaires étaient rarement là, je devais aussi en assumer la responsabilité : expliquer où mettre les briques, le mortier, le ciment... Malgré tout, j'avais le sentiment de n'être jamais parvenue à gagner leur confiance.

Un jour, la *memsahib* revint avec une nouvelle domestique : c'était une fille travailleuse, mais qui ne parlait que bengali, pas du tout hindi, donc elle ne comprenait pas les ordres de la *memsahib* et il fallait que je leur serve d'interprète ! Entre-temps, Bhajan vint reprendre du service dans la cuisine et eut également un certain nombre d'autres responsabilités. Tout à coup, la *memsahib* s'en prit à moi : je devins la méchante. Tout ce que je faisais la mécontentait, elle critiquait tout... elle se mit même à crier après mes enfants. Les pauvres petits, ils étaient enfermés toute la journée et mouraient d'envie de me voir autant que je me languissais d'eux. Quelquefois ils descendaient les marches pour m'attendre, mais si la *memsahib* ou sa fille venait à les surprendre, ils se faisaient gronder et chasser. L'autre fille qui travaillait là n'arrêtait pas de me dire que je ferais mieux de chercher un emploi ailleurs.

— Pourquoi continuer à supporter tout cela ?

Et moi aussi, je commençais à me dire que si je quittais cette maison, au moins mes enfants pourraient respirer l'air du monde extérieur.

Alors un jour je pris mes enfants et je partis. Je ne dis rien à la *memsahib*, je n'attendis pas sa permission, je ne pris pas mes affaires. Je partis, tout simplement. A ce moment-là, la seule chose qui me vint à l'esprit, c'est que j'avais assez d'argent pour nous faire vivre pendant deux mois et qu'entre-temps, je pourrais trouver du travail quelque part.

Deux ou trois jours plus tard, mon fils aîné et moi allâmes donner un acompte pour une location. Elle se situait dans un quartier où il n'y avait pas d'autres Bengalis. Le loyer était de mille roupies par mois, et nous en payâmes une partie. Je me dis qu'ainsi, nous aurions au moins un endroit à nous en attendant : je chercherais autre chose plus tard. Je confiai les enfants à la femme bengalie qui travaillait chez la *memsahib* – elle avait sa propre maison – et je pris un rickshaw pour aller chercher mes affaires. J'allai jusqu'à la maison, sonnai à la porte, le chien se mit à aboyer et sortit en courant. Je caressai sa tête à travers les barreaux du portail et nous attendîmes. Un instant plus tard, le *sahib* vint ouvrir la porte. Le chien se jeta sur moi en poussant des gémissements. Cela me fit de la peine : je n'étais partie que depuis deux jours, et voilà où il en était. Qu'allait-il advenir de lui quand je serais partie définitivement ?

Je me sentais nerveuse à l'idée d'annoncer mon départ à la *memsahib*, mais je n'aurais pas dû m'inquiéter. Elle sortit, me prit par la main et me fit asseoir. La main posée sur mon dos, elle me dit :

— Ecoute, si je t'ai dit des choses sous le coup de la colère, ne te tracasse pas pour ça, je t'en prie. La porte de cette maison demeurera toujours ouverte pour toi.

Je pensai qu'il valait mieux ne pas perdre de temps. Aussi, sans lui répondre, j'allai rapidement chercher mes affaires. J'étais en train de les rassembler lorsque la *memsahib*, légèrement essoufflée, se pointa en haut des escaliers, et je compris qu'elle voulait vérifier ce que j'emportais. Tout le temps où je fis mes bagages elle resta là, et ensuite je descendis le tout dans le rickshaw. Je voulais dire au revoir au chien mais il demeura introuvable : peut-être l'avaient-ils éloigné pour éviter qu'il soit malheureux à cause de moi. Et, sans plus de cérémonie, je disparus.

Petit à petit, je m'installai dans ma nouvelle maison. J'avais constamment à l'esprit le même souci : comment trouver du travail ? Que faire si je ne trouvais pas de place ? C'est ainsi que je recommençai la même vieille routine : courir à droite et à gauche à la recherche d'un emploi. Parallèlement, j'essayais également de trouver une maison moins chère. Est-ce que j'y arriverais ? Je n'en étais pas sûre, mais j'étais inquiète pour le loyer du mois suivant. Une semaine et demie s'était déjà écoulée et je n'avais toujours rien. Entre-temps, les voisins s'étaient mis à poser toutes sortes de questions : pourquoi je vivais seule ? Est-ce que ce n'était pas trop dur ? Où était mon mari ? Est-ce que j'arrivais à m'en sortir ? Et ainsi de suite… Face à toutes ces questions, mon instinct me disait de fuir, de ne pas répondre. Je prenais les enfants et je me sauvais en disant qu'il fallait que j'aille chercher du travail. Mais ensuite, il me fallait affronter les interminables questions sur les résultats de mes recherches ! Dans ces moments-là, ma tactique de défense consistait à parler des enfants.

Il y avait un jeune homme, Sunil, qui travaillait comme chauffeur dans la maison en face de celle de la *memsahib*. Il était l'un de ceux à qui j'avais demandé de m'aider à chercher du travail. Un jour, je le rencontrai et il me demanda si je travaillais toujours dans la maison d'en face. Lorsque je lui répondis que j'avais quitté la place une semaine et demie plus tôt, il proposa de m'aider. Il promit de se tenir au courant et de me faire savoir s'il entendait parler de quelque chose. Un après-midi, j'étais en train de dormir avec les enfants quand Sunil vint me demander si j'avais trouvé un emploi. Comme je lui répondais que non, il me dit :

— Alors viens avec moi.

— Où ?

— Peu importe puisque tu as besoin de travail ; quand tu auras vu ce qu'on attend de toi, tu pourras t'occuper toute seule des négociations.

Alors je le suivis. Il m'accompagna devant une maison, sonna la cloche et le *sahib* sortit. Sunil lui dit :

— Voilà, monsieur, je vous ai amené quelqu'un comme vous m'aviez chargé de le faire.

— Es-tu bengalie ? me demanda le *sahib*.

— Oui, monsieur.

— Ecoute, la femme qui travaille ici est payée huit cents roupies. Je vais voir comment tu te débrouilles et ensuite, je déciderai de ton salaire.

— D'accord, dis-je.

Après quoi je demandai quels seraient mes horaires.

— Le plus tôt possible, parce que je suis un lève-tôt.

— Il faut que je prépare à manger et que je fasse déjeuner les enfants, alors le plus tôt, pour moi, sera aux alentours de six ou sept heures.

J'avais l'impression que le *sahib* voulait parler encore d'argent, alors j'hésitai avant de me détourner pour partir, mais il dit simplement :

— D'accord, tu peux commencer dès demain.

Le lendemain, en arrivant, je vis une veuve de trente-cinq-quarante ans qui venait travailler dans la même maison que moi. Le *sahib* était dehors en train d'arroser les plantes. Quand il me vit, il entra dans la maison et dit à la femme qu'elle pouvait partir, qu'il avait trouvé quelqu'un d'autre. Elle sortit et se mit à m'insulter. Je lui répondis :

— Ecoute, je n'en savais rien… Si j'avais su qu'il y avait déjà quelqu'un ici, je n'aurais pas accepté la place ! Ce n'est pas la peine de crier comme ça après moi. Si tu veux, va dire au *sahib* que je ne veux pas travailler dans ces conditions. Comme ça, tu pourras garder ta place.

Mais elle ne tint pas compte de ma suggestion et se contenta de partir en me maudissant et en criant contre moi. Le *sahib* me fit entrer et m'expliqua quelles seraient mes tâches. Je travaillais dur, ce qui surprit tout le monde dans la maison. Un jour, le *sahib* me demanda comment je pouvais abattre autant de travail en si peu de temps, et aussi bien.

— Où as-tu appris ? me demanda-t-il.

Alors je lui racontai comment les travaux domestiques n'avaient plus de secret pour moi, car j'en avais la charge depuis mon enfance : sans mère à la maison, j'étais bien obligée d'accomplir toutes les tâches ménagères.

Cela devint donc mon quotidien. Je partais le matin, je finissais mon travail dans l'après-midi et je rentrais chez moi. Un jour, le *sahib* m'interrogea sur mes enfants, il voulait savoir s'ils allaient à l'école. Je lui expliquai que je me démenais pour qu'ils aillent à l'école, mais que je manquais d'argent. Je n'avais cependant pas perdu tout espoir et je comptais bien pouvoir un jour les envoyer à l'école. Un peu plus tard, il m'appela pour me demander de lui amener mon fils et ma fille.

— Il y a une petite école juste à côté, je vais voir ce que je peux faire, dit-il. Tu pourrais venir le matin avec les enfants et les déposer à l'école. Et après, ils repartiraient avec toi.

C'est ainsi que les enfants commencèrent l'école. Je les laissais là-bas, je venais travailler dans la maison, et l'après-midi, quand ils arrivaient, le *sahib* leur donnait toujours quelque chose à manger.

Mais je me mis à la recherche d'un travail supplémentaire car ce que je gagnais ne suffisait pas pour nous trois. Je demandai au *sahib* s'il pouvait m'aider, et il me répondit qu'il allait s'occuper de me chercher quelque chose, car il était préférable que je ne m'en charge pas toute seule. De toute façon j'avais besoin d'un nouveau logement et c'est avec cette idée en tête que je me rendis dans le quartier de Dada. Je réussis à en trouver un pour cinq cents roupies seulement. Le seul problème, c'est qu'il n'y avait pas de toilettes dans la maison. Mais je me dis que si les autres arrivaient à vivre ainsi, pourquoi pas moi ? Comme d'habitude, les gens me posèrent tout un tas de questions et plusieurs essayèrent de comprendre pourquoi j'étais seule, d'où je venais, et ainsi de suite. Certains étaient aimables avec moi, mais beaucoup faisaient toutes sortes de commentaires. Je ne m'en préoccupais pas, et en fait, je me tenais un peu à l'écart : le matin je me levais, je préparais les enfants pour l'école, après quoi je bouclais la maison et partais au travail. Il y avait des commérages, les gens se demandaient comment j'allais me débrouiller avec cette unique place et, pour être honnête, cela me causait également du souci. Je demandais chaque jour au *sahib* s'il y avait du nouveau et il me répondait une chose ou une autre. J'avais l'impression qu'il ne voulait pas que je travaille ailleurs. Peut-être pensait-il que je ne réussirais pas à cumuler deux emplois, ou que cela m'obligerait à délaisser mes enfants. C'est peut-être la raison pour laquelle un jour, de manière tout à fait inattendue, il me demanda :

— Baby, combien dépenses-tu par mois ?

Je fus tellement embarrassée que je ne répondis pas et il ne me reposa pas la question. Malgré tout, je sentais qu'il avait de la compassion pour moi et parfois, le matin, quand j'arrivais chez lui, je le trouvais en train de faire la vaisselle ou de balayer. J'aimais vraiment beaucoup travailler là-bas. Mon travail était apprécié, et personne ne me réprimandait ni ne vérifiait ce que j'avais fait. Le *sahib* semblait toujours content de me voir, et bien qu'il ne dise jamais rien, je pressentais toujours cette question : « Qu'est-ce que cette pauvre femme a bien pu faire pour se trouver obligée de quitter sa maison et vivre ainsi toute seule ? » Il avait à cœur que je ne souffre plus, et j'avais parfois l'impression qu'il voulait me le dire, mais hésitait à le faire.

Un jour cependant, il me demanda à brûle-pourpoint :

— Baby, dis-moi ce que tu fais lorsque tu rentres du travail ?

— Je cuisine pour les enfants, ils mangent puis ils font la sieste. Dans la soirée, je les sors un moment, et quand nous rentrons, je leur fais réciter leurs leçons et surveille leurs devoirs. Après, je les fais dîner, je les mets au lit et je vais me coucher à mon tour. Le matin, je me lève et je viens ici. Voilà mon quotidien.

— Mais alors, comment pourrais-tu trouver du temps pour cet autre emploi que tu cherches ?

— Il faudra bien que j'en trouve d'une manière ou d'une autre, parce que j'ai du mal à m'en sortir.

— Et si je te donnais un coup de main pour que tu n'aies pas besoin de travailler ailleurs ?

Son intérêt pour moi me touchait profondément. C'est à cela que je pensais quand il me dit :

— Qu'y a-t-il ? Tu n'as pas répondu à ma question. Qu'en penses-tu ?

Je demeurai silencieuse, car je ne trouvais rien à dire. Il continua :

— Ecoute, Baby : considère-moi comme un père, un frère, une mère, un ami, ce que tu veux. Ne pense pas que tu es seule au monde. Tu peux parler sans contrainte.

Au bout d'un moment, il ajouta :

— Mes enfants m'appellent Tatush. Tu peux aussi m'appeler comme ça.

C'est ainsi que je commençai à l'appeler Tatush, ce qui lui faisait plaisir. Il me disait :

— Tu es comme une fille pour moi, et désormais tu es la fille de cette maison. Tu es ici chez toi, ne l'oublie jamais.

Et en effet, j'étais traitée comme si j'étais de la famille.

Tatush avait trois enfants déjà grands, mais je n'en avais rencontré qu'un, le plus jeune. Quand je travaillais dans la cuisine et qu'il voulait du thé, il venait se le faire lui-même, jamais il ne me demandait de m'en occuper. Il parlait très peu, pas seulement avec moi, mais avec tout le monde. Un jour Tatush m'annonça l'arrivée de son fils aîné, et il ajouta :

— Mon fils aîné, cela veut donc dire ton grand frère.

Ces paroles me réchauffèrent le cœur.

Quelques jours plus tard, alors que j'étais affairée, Tatush m'appela :

— Baby, est-ce que tu as fini par déménager ?

Je lui répondis que oui.

— Mais pourquoi ne m'as-tu rien dit ? Ce n'est pas bien : tu aurais dû me prévenir.

Intérieurement, je me dis qu'il avait raison. Je ne sais comment ni pourquoi, mais j'avais oublié. Je me rendis compte que cela le chagrinait, mais je ne comprenais pas comment il avait réussi à savoir que j'avais déménagé. Il m'apprit que c'était Sunil qui le lui avait dit. Comme je me demandais comment Sunil l'avait su, Tatush ajouta :

— Sunil est venu te voir dans ton ancienne maison, c'est comme ça qu'il a découvert que tu avais déménagé.

Lui-même l'avait appris car il avait rencontré Sunil en allant acheter du lait le matin même.

— Si Sunil ne me l'avait pas dit, je ne l'aurais pas su.

Je me sentis terriblement mal à l'aise. Peu après, Tatush me demanda :

— Que faisais-tu lorsque je t'ai appelée ?

— Je faisais la poussière en haut.

— Alors va finir ton travail.

Je remontai. Dans les chambres à l'étage il y avait trois bibliothèques remplies de livres. Chaque fois que je les voyais, je me demandais qui pouvait bien les lire. Il y avait plusieurs livres en bengali et il m'arrivait parfois de les feuilleter. Un jour où je faisais la poussière dans la pièce, Tatush entra. Il remarqua que j'étais en train de feuilleter un livre en bengali mais ne dit mot. Le lendemain matin, lorsque j'arrivai pour lui porter son thé, il me demanda si je savais lire et écrire. Mon cœur s'arrêta de battre, je ne savais quoi répondre, alors je marmonnai quelque chose dans un rire et j'eus un mouvement de recul. Il me reposa la question :

— Est-ce que tu sais lire ?

— Je ne veux pas vous mentir, mais c'est comme si je ne savais rien.

— Mais es-tu allée à l'école ? Jusqu'à quelle classe ?

— Jusqu'en sixième ou en cinquième.

Il sembla retomber dans ses pensées mais n'ajouta rien.

Le lendemain, quand je revins travailler, il souriait. La plupart du temps, il avait une espèce de sourire sur le visage, et souvent, je me disais qu'il n'avait pas de colère dans le cœur. Il parlait doucement, gentiment, et il me faisait penser à Sri Ramkrishna. Nous entamions parfois des discussions qui s'éternisaient, au cours desquelles il me racontait un tas de choses. J'étais tout à mes pensées lorsque, sans aucun préambule, il me demanda :

— Alors, Baby, te souviens-tu de noms d'auteurs que tu aimes bien ?

Je le regardai et répondis en riant :

— Oui, certains comme Rabindranath Tagore, Kazi Nasrul Islam, Sharatchandra, Satyendra Nath Dutt, Sukumar Rai…

Je ne sais pourquoi ces noms me vinrent à l'esprit, mais Tatush mit sa main sur ma tête et me regarda, stupéfait. Comme s'il ne pouvait en croire ses oreilles. Enfin, il me demanda :

— Est-ce que tu aimes lire et écrire ?

— Oui, j'aime bien, mais à quoi bon ? Cela ne me sert plus à rien.

— Mais pourquoi ? Regarde, moi, je lis toujours. Est-ce que tu sais pourquoi tous ces livres sont là ? Si je peux lire, pourquoi pas toi ? Monte avec moi un moment.

Une fois à l'étage, il sortit un livre de l'étagère et me demanda :

— Donne-moi le titre de ce livre.

Je regardai le livre en pensant : « Je peux le lire ! » Puis j'hésitai : « Et si je me trompais ? Si je disais une bêtise ? » Puis je me dis : « Et alors ? Je n'aurai qu'à dire que je ne sais pas lire ! »

Tandis que je réfléchissais, Tatush m'observait :

— Allez, vas-y, lis au moins quelque chose.

Alors je lâchai :

— *Amar Meyebela*, Taslima Nasreen.

Tatush s'exclama :

— Tu avais peur de te tromper, n'est-ce pas ?

Je me mis à rire. Il ajouta :

— Tiens. Emmène ce livre chez toi, tu pourras le lire si tu veux.

Je pris l'ouvrage. J'en lisais une ou deux pages chaque jour. Autour de moi, mes voisins s'en étonnaient et faisaient des commentaires, mais je n'y prêtai aucune attention. Chaque fois que je commençais ma lecture, je trouvais cela un peu difficile, mais plus ça allait, plus la lecture devenait aisée. Tatush me demanda si j'arrivais à lire le livre que j'avais emprunté. Comme j'acquiesçais, il ajouta :

— Je vais te donner quelque chose dont tu devras faire bon usage. Tu n'as qu'à imaginer que c'est également un travail.

— Qu'est-ce que c'est ?

Il sortit un cahier et un stylo de son bureau :

— Tiens, écris quelque chose dans ce cahier. Tu peux y raconter l'histoire de ta vie, si tu veux. Tout ce qui s'est passé dans ta vie, du plus loin que tu te souviennes, au plus profond de ta conscience. Ecris tout, jusqu'au jour d'aujourd'hui. Essaie de t'y mettre un petit peu chaque jour.

Je pris le stylo et le cahier et je me mis à réfléchir à ce que je pourrais bien écrire, me laissant emporter par mes pensées. Tatush s'inquiéta :

— Qu'y a-t-il ? A quoi penses-tu ?

Je sursautai. J'étais si pensive…

— Je me demande si je vais réussir à écrire.

— Mais bien sûr, tu vas réussir, pourquoi n'y arriverais-tu pas ? Vas-y : écris.

Je rentrai chez moi, stylo et cahier à la main. Ce jour-là, j'écrivis deux pages, après quoi je repris le livre de Taslima Nasreen. Le lendemain matin, quand j'allai travailler, Tatush me demanda si j'avais écrit, et il fut particulièrement heureux quand je lui répondis que oui.

— C'est parfait. Ecris chaque jour, tu dois absolument te plier à cette discipline.

Certains jours, j'étais tellement absorbée par ma lecture et mon écriture que lorsque je levais le nez de mes livres, tout le monde avait déjà sombré dans un profond sommeil. Il leur arrivait parfois de se réveiller et de me trouver encore au travail. Et au matin, je n'échappais pas à la question fatidique :

— Mais qu'est-ce qui te tient si longtemps éveillée ? Pourquoi passes-tu tant de temps à lire ?

Leurs questions m'agaçaient : j'essayais de les éviter. En plus, je n'étais pas à l'aise dans cette maison, j'avais envie d'en changer. Je gardais l'espoir de trouver quelque chose de mieux. C'était très gênant de partager une salle de bains avec quatre autres familles. Il fallait faire la queue tous les matins. En plus, comme on n'avait pas le droit de l'utiliser pour faire ses besoins, il fallait aller dans les champs, au milieu des cochons et des autres bêtes, ce qui n'était vraiment pas facile. Garçons et filles, hommes et femmes, chacun partait dans les champs avec ses bouteilles d'eau.

Une fois, Tatush me demanda s'il y avait une salle de bains chez moi. Il me proposa d'utiliser celle qu'il avait à l'étage. Je pris donc l'habitude de me laver chez lui avant de rentrer chez moi. Parfois, quand je rentrais tard, ma propriétaire me posait des questions et cela m'énervait. De quoi se mêle-t-elle ? Je ne suis pas liée à elle, elle n'a aucun droit sur moi, pensais-je. Je lui paie son loyer, c'est tout ce qui compte. Pourquoi tous ces gens se mêlent-ils de ce que je fais ? Et puis, je sortais si rarement. Quand j'arrivais chez moi, j'accomplissais toutes mes tâches ménagères, puis je me plongeais dans mon travail de lecture et d'écriture. La seule chose que je faisais, occasionnellement, c'était me rendre chez une amie, Savita. Nous étions devenues amies quand je travaillais pour la *memsahib*, et il m'arrivait parfois de rentrer tard de chez elle. Ce n'était pas un crime, mais ma propriétaire était tellement curieuse et envahissante que même lorsque je sortais acheter des légumes ou faire mes provisions, elle voulait savoir où j'allais :

— Où vas-tu comme ça, tous les jours ? Tu ne devrais pas sortir autant.

Dans ces moments-là, je me demandais, est-ce que les choses seraient différentes si mon mari vivait avec moi ? Quand nous étions ensemble, les gens posaient aussi des questions, non ? Donc, que je sois seule ou avec lui, cela revient au même ! On cancanait sur le fait que j'étais seule, que je vivais dans une location avec mes enfants. Pour ces différentes raisons, beaucoup de gens voyaient en moi la proie rêvée, et je fus la victime de certains harcèlements. Certains hommes forçaient ma porte sous prétexte de demander un verre d'eau. Ou, quand je sortais avec les enfants, ils me suivaient et essayaient de m'obliger à leur répondre. Mais dès que j'arrivais chez Tatush et que je parlais avec lui, tout était oublié. Tatush avait, à Calcutta et Delhi, des amis à qui il avait parlé de mes compétences en matière de lecture et d'écriture. L'intérêt qu'ils me portaient me fit grand plaisir.

Un jour où je me trouvais chez moi avec mes enfants, le fils aîné de ma propriétaire passa. Je l'invitai à entrer, et il s'installa sans faire mine de partir. Il se mit à me parler, et son monologue n'en finissait pas. Ce qu'il disait était particulièrement embarrassant et je ne pouvais me résoudre à lui répondre. Ni à lui demander de partir, ni même à essayer de filer. Il s'était assis devant la porte d'entrée, ce qui fait que si j'avais voulu sortir, j'aurais été obligée de le frôler. Tout en n'en laissant rien paraître, j'avais compris ce qu'il attendait de moi. Son discours indiquait clairement que si je voulais vivre avec l'esprit en paix, j'avais intérêt à trouver un nouveau logement. Car si je voulais demeurer ici, il fallait que je le rende heureux, et je savais parfaitement ce que cela signifiait. J'éprouvai un profond sentiment de résignation et de désespoir : qu'il n'y ait pas d'homme à la maison impliquait donc pour moi un devoir d'obéissance au premier qui réclamerait des droits sur ma vie ? Je projetai de chercher une nouvelle maison dès le lendemain.

Un jour, en rentrant du travail, je vis arriver mes enfants en larmes. Ils m'annoncèrent que notre maison avait été détruite. Alors je me mis à crier :

— Comment est-ce possible ? Qui a fait cela ?

En arrivant, j'aperçus toutes nos affaires dehors, jetées dans la rue. Je m'assis et me pris la tête entre les mains. Qu'allais-je faire à présent ? Où pouvions-nous bien aller ? Comment trouver un nouveau gîte aussi précipitamment, à cette heure de la journée ? Avec les enfants, nous restâmes là à pleurer.

On n'avait pas détruit seulement ma maison. D'autres avaient subi le même sort dans le voisinage, mais dans chacune d'entre elles vivait un homme – un père, un mari, un frère. Moi, je n'avais personne. C'est pourquoi toutes mes affaires étaient encore éparpillées, tandis que les autres occupants avaient déjà ramassé et rangé les leurs, et envoyé quelqu'un à la recherche d'une nouvelle habitation. Très peu étaient restés là, et parmi eux certains s'étaient occupés de mes enfants et étaient désolés de nous voir dans une telle situation. Je ne pouvais empêcher mes larmes de couler, ce qui provoqua les pleurs de mes enfants. A ce moment-là, je me sentis vraiment seule au monde, sans personne pour me venir en aide. J'avais deux frères qui vivaient de l'autre côté de la route. Ils savaient où j'étais, ils savaient que toutes les maisons du secteur avaient été détruites – ce genre de nouvelles s'ébruite rapidement – mais ils ne se manifestèrent pas. Je pensai à ma mère. Si seulement elle avait été là, peut-être y aurait-il eu quelqu'un pour s'occuper de moi. Combien de chagrins allais-je encore subir dans ma vie ?

Inutile de partir à la recherche d'une maison ce jour-là. Nous restâmes là jusqu'au soir, puis un voisin, Bholada, arriva. Il était musulman et vivait dans le même quartier que nous. Il connaissait également mon père et mes frères et il aimait beaucoup mes enfants. « Tu vas passer la nuit ici toute seule ? » dit-il, et il s'assit avec nous.

Et en effet, nous passâmes la nuit dans ce lieu ouvert et sale, avec l'humidité de la rosée qui tombait sur nous, mais le jour finit par pointer. Cette nuit-là, personne ne dormit.

Au matin, Bholada me demanda :

— Pourquoi n'en parles-tu pas au *sahib* chez lequel tu travailles ?

Je me dis qu'il avait raison : Tatush m'avait en effet proposé de me céder un petit coin chez lui. Alors je demandai à Bholada :

— S'il te plaît, Bholada, est-ce que tu pourrais venir lui parler ? Je n'en aurai pas le courage.

— D'accord, allons-y.

A notre arrivée, j'entrai, tandis qu'il attendait dehors. Tatush lisait le journal. Il leva les yeux vers moi :

— Que se passe-t-il, Baby ? Pourquoi as-tu le visage aussi pâle, les traits aussi tirés ? Tu n'es pas comme d'habitude.

Je lui racontai tout, les bulldozers qui avaient détruit nos maisons, les enfants et moi qui avions passé la nuit dehors dans l'humidité, et j'ajoutai :

— Je suis venue avec un homme que je connais. Il attend dehors, il veut vous parler.

Tatush sortit parler avec Bholada, puis il revint :

— Mais pourquoi diable n'es-tu pas venue hier soir ? Pourquoi avoir attendu le matin et passé la nuit dehors avec les enfants ? Tu aurais dû venir directement. En tout cas, maintenant, dis-moi, quand viens-tu t'installer ici ?

— C'est à vous de décider.

— Viens tout de suite.

J'acceptai et je pris un rickshaw pour retourner chercher nos affaires. Je repensai à la manière dont Tatush m'avait spontanément proposé de venir chez lui.

A mon arrivée, il avait vidé pour moi une pièce sur le toit. J'y déposai mes affaires et descendis lui préparer son déjeuner. Il monta me voir pour me dire :

— Ce n'est pas la peine de faire la cuisine aujourd'hui si tu n'as pas envie, il reste plein de nourriture en bas.

— Ça ne fait rien, ça servira plus tard.

— Est-ce que tu penses que tu pourrais nous faire des *roti* chauds pour ce soir ? Jusqu'à présent, il n'y avait personne pour préparer le dîner. Je me contentais de manger le soir ce que tu avais préparé le matin. Mais maintenant que tu es là, est-ce que tu penses que tu pourrais me préparer un repas chaud pour le soir aussi ?

Désormais, je me chargeai donc de toutes les tâches ménagères en bas, y compris la cuisine. Inutile de me donner des ordres, je savais ce que j'avais à faire. Parfois, Tatush s'étonnait :

— Baby, comment peux-tu abattre autant de travail ? Tu n'arrêtes pas. Pense à venir t'asseoir pour bavarder avec moi de temps en temps.

Alors j'allais le rejoindre pour discuter avec lui et il me demandait :

— Est-ce que les enfants ont mangé ? Tu les as fait déjeuner ? Monte leur donner à manger, et ensuite tu descendras prendre ton repas. Apporte-leur un peu de lait.

Depuis notre arrivée chez Tatush, mes enfants avaient chaque jour droit à un demi-litre de lait.

Un jour, Tatush me dit :

— Tu sais, Baby, plusieurs femmes ont déjà travaillé dans cette maison, mais je n'ai jamais vu une fille comme toi. Tu ne dois plus jamais te considérer comme une simple domestique. Cette maison est la tienne. Je n'ai pas de fille, je te considère donc comme la mienne.

Comme c'était agréable à entendre ! Personne d'autre que moi n'aurait pu savoir à quel point j'étais heureuse depuis que j'étais ici. Tatush prenait tellement soin de moi ! S'il m'arrivait de me sentir mal, il venait m'aider dans mon travail, il s'inquiétait pour ma santé. Il m'obligeait à aller chez le médecin, puis il allait me chercher les médicaments prescrits et s'assurait que je les prenais comme il convenait. Quand je rechignais, il me forçait à les avaler, insistait pour que je l'écoute. Et si un de mes enfants était malade, c'était la même chose. Je n'avais jamais rencontré quelqu'un qui traite aussi bien ses domestiques. Je ne manquais de rien : savon, nourriture, vêtements, médicaments, j'avais tout à disposition. Je réalisai que j'avais travaillé dans beaucoup d'endroits mais que jamais je n'avais eu une place où tout le monde était aussi gentil avec moi. J'avais le sentiment d'être le centre de cette maison.

Certes, je ne manquais de rien, mais malgré tout, de temps à autre, je me sentais triste. Je n'avais pas vu mon fils aîné depuis deux mois. Tatush sentit certainement ma peine car un jour, il me demanda :

— Où est ton fils aîné, Baby ? Pourquoi n'irais-tu pas le voir un de ces jours ?

Il me posa la question une fois, deux fois, trois fois, sans que je puisse lui répondre. Enfin, évitant son regard, je lui avouai que je ne savais même pas où il était…

— Quoi ? Tu ne sais pas où est ton fils ? Mais comment est-ce possible ?

Alors je lui expliquai que les gens qui l'avaient emmené vivaient autrefois près de chez moi, qu'ils m'avaient vaguement dit où il se trouvait, mais je n'avais gardé aucun souvenir de l'adresse, ni du numéro de la maison, ni de rien du tout. A plusieurs reprises, je m'étais rendue devant chacune des maisons qui m'avaient été indiquées, mais partout j'avais fait chou blanc. La seule information que j'avais, c'était que son employeur tenait une pharmacie dans les environs, mais je ne savais pas où. Tatush était inquiet : il y avait beaucoup de pharmacies dans ce quartier. Mais à ce moment-là, il se garda de me le dire.

Le lendemain matin, il m'appela et me dit que lorsqu'ils étaient venus le chercher, j'aurais dû parler à mon fils, lui expliquer notre situation pour qu'il ne se sente pas abandonné et que j'aurais également dû vérifier où on l'emmenait. Ainsi, au moins, j'aurais pu rester en contact avec lui.

— Imagine, il a pu se passer n'importe quoi, et comment pourrais-tu le savoir ?

Je me trouvai incapable de répondre. Ensuite, il quitta la maison sans rien dire et revint environ trois heures plus tard. A son retour, il alla téléphoner. Je l'entendis parler à quelqu'un, puis il m'appela :

— Baby, Baby, viens ici !

J'entrai, mais il était toujours au téléphone. Alors j'attendis. Puis il me tendit le combiné :

— Tiens, parle !

— Qui est-ce ? A qui dois-je parler ?

— Ne t'inquiète pas, parle.

Je pris le combiné. Quelqu'un disait « Allô ? Allô ? » mais je n'arrivais pas à comprendre qui c'était, alors j'éloignai un peu l'appareil de mon oreille et je demandai à Tatush de qui il s'agissait.

— Tu ne reconnais pas ton propre fils ?

J'étais interloquée. Mon fils ! Je repris le combiné :

— Beta, Beta, c'est ta mère !

— Ma ? C'est toi ?

— Oui, mon fils ! Oui, c'est moi, Baby ! Comment vas-tu, mon fils ?

— Je vais bien, Ma. Parfaitement bien. Je suis bien ici, ne t'inquiète pas pour moi…

Je constatai que mon fils était devenu un adulte, sa voix avait tellement changé ! Comment avait-il pu se métamorphoser en si peu de temps ? J'avais terriblement envie de le voir. Tatush le comprit et me demanda si je voulais lui rendre visite.

— Oui, répliquai-je, ce serait merveilleux !

— Alors dis-moi quand tu veux y aller.

— Quand vous le déciderez.

Quelques jours plus tard, je partis voir mon fils : je le trouvai en train d'arroser les plantes devant la maison où il travaillait. Je ne sais pas pourquoi, il me donna le sentiment qu'il n'était pas heureux. Mais je ne pouvais rien y faire. Il se dirigea vers moi, et cela lui fit vraiment plaisir de voir son frère et sa sœur. Mais au moment de nous quitter, il avait l'air tellement triste… Je décidai alors que, d'une manière ou d'une autre, je le ramènerais vivre avec moi. Je suis persuadée que Tatush l'avait compris, parce que de temps à autre il insistait pour que j'appelle mon fils et prenne de ses nouvelles. Tatush disait parfois qu'il avait rarement vu un garçon comme lui et je me demandais ce qu'il voulait dire – peut-être qu'il ne lui inspirait pas confiance. Pourquoi ne me proposait-il pas de faire venir mon fils, ne serait-ce que pour un petit moment ? Mais je ne lui dis rien de tout cela.

Et puis un jour, Tatush me dit :

— Baby, si tu faisais venir ton fils quelques jours pour la *puja* de Kali ?

J'étais tellement heureuse ! Ensuite, il ajouta :

— Tu sais, tu devrais aussi lui chercher du travail dans le coin, comme ça, il pourrait reprendre ses études en même temps. Est-ce que tu sais, Baby, que le travail est illégal pour les enfants ?

Je pensai à part moi que je n'aurais rien souhaité de mieux que de l'avoir auprès de nous, mais comment faire dans une seule pièce avec trois enfants ?

— Tatush, vous m'aviez conseillé de trouver une ou deux heures de travail en plus dans le quartier, c'est peut-être ce que je devrais faire ?

— Pourquoi, Baby ? Cela va te faire courir d'un endroit à l'autre, tu vas te rendre malade. Il faut que tu prennes soin de ta santé.

Les paroles de Tatush me touchèrent énormément. Je réalisai que même Baba ne m'avait jamais conseillé ainsi, ni montré autant d'intérêt. Pour s'inquiéter de ce qui était bon pour moi et de ce qui ne l'était pas, Tatush avait dû être mon père dans ma vie antérieure. Après un moment, il ajouta :

— Je t'ai donné un travail d'écriture et de lecture : as-tu avancé ? Il vaut mieux que tu te concentres là-dessus, ce ne sera pas du temps perdu. Et cela te sera utile un jour. Tu n'as pas besoin de faire autre chose, Baby : occupe-toi juste de lire et d'écrire. Ce n'est pas la peine de t'agiter dans tous les sens. Pour le moment, laisse les choses comme elles sont. Et puis, pense au plaisir que procure ton travail à mes amis qui lisent tes écrits. Ils t'y encouragent vivement, et s'ils venaient à découvrir qu'au lieu d'écrire tu cours de-ci de-là pour trouver du travail, ils me le reprocheraient !

Quelques jours plus tard, Tatush me demanda de faire venir mon fils à la maison :

— Ça ne me plaît pas qu'il se tue comme ça à la tâche. S'il continue à travailler chez les gens, jeune comme il est, que va-t-il advenir de lui ? Sa vie va être détruite. Je suis professeur, Baby, et je ne supporte pas de voir la vie d'un jeune tomber en ruines. Va le chercher aujourd'hui.

Le jour même, j'allai chercher mon fils. Tatush s'était mis en quête d'une bonne place où il pourrait travailler tout en ayant le temps d'étudier. Ce n'était évidemment pas facile à trouver. Dorénavant, les trois enfants vivaient avec moi, mais je n'étais toujours pas heureuse. Tatush en faisait déjà tant pour nous, que pouvais-je attendre de plus de lui ? Comme je ne voulais pas avoir l'impression de profiter de lui, je décidai que tant que mon fils serait avec moi, je serais un peu plus économe et épargnerais sur la nourriture.

Tatush comprenait bien mon inquiétude au sujet de la nourriture. Il insistait pour que je prenne mes repas avec lui, allant même parfois jusqu'à me mettre de la nourriture dans une assiette pour m'obliger à manger. Cette famille m'offrait tant de bonheur… J'avais travaillé dans nombre de maisons, mais jamais je n'avais connu de gens comme ceux-là. Avant cela, dans les familles qui m'avaient employée, on me donnait mon salaire tous les mois, mais ici, rien de semblable. Tatush m'avait confié :

— Baby, ne considère pas que je te donne un salaire mais plutôt de l'argent de poche.

Lorsque les amis d'Arjun, le fils de Tatush, vinrent s'installer, mon argent de poche augmenta sensiblement. Ils étaient tous très prévenants avec moi et mes enfants. L'un s'appelait Sukhdeep et l'autre Raman. Je les appréciais plus qu'Arjun, car quand ils avaient besoin de quelque chose, du thé ou à manger, ils me le demandaient. Tandis qu'Arjun était très taciturne et ne réclamait jamais rien, même quand il avait besoin de quelque chose. Il passait son temps allongé sur son lit. J'allais régulièrement lui demander s'il avait besoin de quelque chose, et il se contentait de faire « non » de la tête. Mais parfois il répondait « oui ». Ses amis n'étaient pas comme ça. Des deux, c'était Sukhdeep le plus tranquille. Ils se comportaient dans la maison comme s'ils étaient chez eux, et Raman m'apprit plusieurs recettes de cuisine. Parfois, il m'entretenait sur le thème des enfants :

— Ecoute, Baby, ce ne sont encore que des enfants, ils ont le droit d'être polissons et de s'amuser ! Mais il faut également les garder à l'œil pour qu'ils consacrent suffisamment de temps aux études… Ne les laisse pas passer leur temps à jouer.

Raman pensait que je n'avais que des garçons car ma fille commençait tout juste à porter des vêtements féminins. Raman ne comprit que c'était une fille que le jour où il la vit jouer avec des poupées. Et malgré tout, il en demanda confirmation à Tatush !

Notre maison était devenue plus vivante et plus gaie depuis l'arrivée de Raman et Sukhdeep, mais cela ne dura qu'un temps car très vite, ils reprirent le travail et partaient donc pour la journée. Entre-temps, mon fils aîné était reparti. Tatush lui avait trouvé un emploi où il pouvait à la fois travailler et étudier. Mes petits allaient à l'école et rentraient assez tard à la maison, et quand Arjun et ses amis revenaient du travail, ils allaient souvent directement se coucher.

Une fois, Tatush me suggéra de profiter de mes soirées pour promener les enfants au parc. Je suivis ses conseils, et c'est ainsi que je pris l'habitude d'aller chaque jour au parc. Beaucoup de femmes bengalies s'y rendaient avec les enfants dont elles s'occupaient. Certaines commencèrent à me poser des questions : Es-tu bengalie ? Es-tu mariée ? Où est ton mari ? Et ainsi de suite. Il y avait aussi quelques jeunes hommes, et souvent, ils essayaient d'engager la conversation avec moi, ou d'amadouer mes enfants pour pouvoir entamer une discussion. Je ne leur répondais pas grand-chose – bien qu'il soit difficile, quand quelqu'un vient vous parler, de ne pas répliquer – et en tout cas je ne leur parlais pas de moi. Je savais parfaitement où ils voulaient en venir. Tatush m'avait conseillé de ne pas parler aux gens que je ne connaissais pas. Et il avait tout à fait raison, car souvent ces gens-là posaient des questions dans le but d'obtenir une information qu'on ne voulait pas leur fournir, mais qu'on finissait par leur donner tant ils étaient malins, et il était trop tard lorsqu'on s'en rendait compte. Ce qui explique pourquoi je n'aimais pas tellement sortir.

Un jour, je remarquai une jeune fille avec un enfant dans le parc. Elle ne parlait à personne et était toujours seule. Mais certains jeunes garçons faisaient toutes sortes de remarques sur elle. Elle devait avoir dans les vingt, vingt-deux ans et il était évident qu'elle n'était pas mariée. Elle me faisait vraiment pitié. Je me demandais comment ses parents avaient pu l'envoyer travailler aussi loin. Un jour, je me décidai à lui parler et elle me répondit avec plaisir. Je lui demandai si elle était bengalie, elle me répondit que oui et elle ajouta qu'elle s'appelait Suniti. Nous devînmes amies. Chaque jour, nous nous retrouvions au parc et les jours où nous ne pouvions pas nous voir, cela nous manquait. Suniti avait perdu ses parents très jeune : sa mère était morte en couches et elle avait été élevée par sa grand-mère et son oncle. J'avais beaucoup de peine pour elle. Je savais ce que c'était que de grandir sans mère. Puis, un jour, elle ne vint pas au parc. Je ne la vis plus jamais après ce jour-là et deux ou trois jours plus tard, l'enfant qu'elle promenait était accompagné d'une nouvelle femme. C'est à ce moment-là que je réalisai qu'elle était vraiment partie. J'imaginai qu'elle n'avait pas eu le temps de me prévenir, et après tout, qu'aurait-elle bien pu faire ? Elle aussi était à la merci de ses employeurs.

Après le départ de Suniti, je cessai d'aller au parc et consacrai tout mon temps à lire et à écrire. Quand j'avais écrit un certain nombre de pages, Tatush prenait mes feuilles, les photocopiait et les envoyait à un ami à Calcutta. Un jour, il me dit :

— Baby, il y a une lettre pour toi.

J'étais ahurie. Une lettre ! Qui pouvait bien m'écrire ? Tatush m'apprit qu'elle venait de son ami de Calcutta, alors je lui demandai de me la lire :

Chère Baby, tu ne peux imaginer à quel point la lecture de ton manuscrit m'a plu. Comment as-tu appris à si bien écrire ? Ton écriture est excellente, Tatush a vraiment trouvé la perle rare. Je regrette de ne pouvoir t'écrire en bengali, je sais seulement le lire. J'ai un an de plus que ton Tatush. J'aimerais pouvoir apprendre le bengali, mais ce n'est pas à l'ordre du jour. Continue à lire et écrire en bengali, je t'en prie. Nombreux sont mes amis qui ont voulu lire ton histoire, je la leur ai montrée. L'un d'entre eux aimerait la publier dans un journal, mais il faudrait d'abord que tu la mènes vers une sorte de conclusion. Et je voudrais aussi ajouter que jamais tu ne dois cesser d'écrire. Souviens-toi que Dieu t'a envoyée sur cette terre pour que tu écrives. Je te donne ma bénédiction.

J'étais complètement interloquée, qu'avais-je donc écrit pour mériter une telle lettre ? J'avais une écriture un peu élémentaire et pourtant ils l'aimaient. Je demandai à Tatush ce qui leur plaisait tant.

— Tu ne comprendrais pas.

Et c'était vrai, je ne comprenais vraiment pas. Peut-être que Dieu ne m'avait pas donné le pouvoir de comprendre, et pourtant je le voulais de toutes mes forces. Alors Tatush me dit de ne pas m'inquiéter pour cela, de continuer à travailler, à lire et à écrire, et un jour je comprendrais.

Mais où trouver le temps d'écrire ? A la maison, il y avait non seulement Arjun, Sukhdeep et Raman, mais en plus leurs amis Rajat, Rahul et Sumit, qui ne cessaient d'aller et venir. Ils étaient tous très gentils avec moi. Comment aurais-je pu refuser de leur servir un déjeuner ou un dîner sous prétexte de devoir écrire ?

Un jour où j'étais complètement absorbée par une discussion au sujet de l'écriture avec Tatush, une drôle d'histoire se produisit. Habituellement, je déposais le repas sur la table pour Sukhdeep et Raman, et retournais les assiettes pour que les mouches ne s'y posent pas. Raman revint du travail, affamé, se dirigea directement vers la table et, sans remarquer que l'assiette était retournée, se servit. Naturellement, le *dal* et les légumes glissèrent d'abord le long de l'assiette, puis sur la nappe. Réalisant soudain ce qu'il venait de faire, il se mit à rire à gorge déployée. Tatush et moi nous demandâmes pourquoi il riait si fort car il n'y avait personne d'autre dans la maison. J'allai voir et le trouvai pris d'un fou rire hystérique devant ce qu'il avait fait. Tout d'abord, je ne compris pas, puis à la vue du spectacle je ne pus m'empêcher de me mettre à rire à mon tour. Tatush nous rejoignit, et très vite il éclata de rire aussi. Ensuite il me dit :

— Baby, tu n'as pas encore répondu à la lettre de mon ami, cela fait plusieurs jours à présent.

— Une lettre ? Mais je ne sais pas écrire de lettres.

— Pourquoi ? Tu n'as qu'à écrire ce que tu veux, et ça viendra tout seul.

Je me mis à y réfléchir. Je n'avais jamais écrit à personne. Comment faire ? Que pourrais-je bien écrire ? Et si je faisais des fautes ? Cela aussi m'inquiétait beaucoup. Je demandai à Tatush comment il fallait que je m'adresse à son ami. Il me répondit : « Comme tu voudras. » Je décidai alors de l'appeler Jethu et je me mis à l'œuvre. Je ne sais pas quel genre de lettre je lui envoyai mais je reçus une réponse qui disait :

Chère Baby, j'ai été heureux de recevoir ta lettre il y a quelques jours et j'ai réfléchi à ce que je pourrais te répondre. Dernièrement, je suis allé à la Foire du livre : on y vend des livres comme on vend du poisson. J'aurais voulu dévaliser tout le marché pour t'envoyer tous ces livres ! Je suis ravi d'apprendre que tu as fini la deuxième partie de ton histoire. Tu as raison de penser que Tatush et moi nous nous faisons du souci pour ton travail d'écriture, et la raison de notre inquiétude, c'est que nous tenons à ce que ton travail soit publié, et que nous réfléchissons à la manière de procéder. Tatush a dû te parler d'Ashapurna Devi, la romancière qui écrivait en secret après avoir fait son ménage. Elle ne parlait que le bengali et n'était jamais sortie de chez elle. Tatush et moi, qui n'avons pas l'âme d'écrivains, nous ne connaissons pas bien ce milieu des lettres et notre seul espoir est que tu deviennes la nouvelle Ashapurna Devi. Où en es-tu de ta troisième partie ? Ton Jethu.

C'est ainsi que Jethu m'encouragea. Et il ne fut pas le seul. Tatush avait un autre ami à Delhi : Ramesh Babu. Il me dit un jour au téléphone :

— Baby, j'ai un ami qui a beaucoup aimé ce que tu as écrit. Il dit que ça ressemble au *Journal* d'Anne Frank.

— Qui est Anne Frank ?

Tatush me raconta son histoire et m'apporta une publication qui citait des extraits de son journal. Il me les lut et j'éprouvai pour la jeune fille une immense compassion.

Jethu avait une amie enseignante à Calcutta, Sharmila, qui était de la même région que moi. Elle était également devenue mon amie et m'écrivait fréquemment. Le fait de lire ses lettres me donnait envie de lui parler, de jouer, de gambader avec elle, je me sentais si proche d'elle par l'esprit.

Un jour, en nettoyant à l'étage une *almirah*, je tombai sur un album photo. Je le feuilletai et découvris des photos d'Arjun et de ses amis. Sur l'une d'elles, Jethu se trouvait entre Sharmila d'un côté et Arjun de l'autre. Sur une autre, je vis Jethu, en compagnie de Sharmila et Sukhdeep. Jusque-là, je n'avais jamais rencontré Jethu ni Sharmila en personne : c'est sur ces photos que je les voyais pour la première fois. Chaque fois qu'elle me répondait, Sharmila me glissait toutes sortes de papiers à lettres découpés dans différentes formes. Nous abordions tant de sujets dans nos lettres que je me demandais parfois ce qu'il nous resterait à dire si nous venions un jour à nous rencontrer. Anand, un ami bengali de Jethu, m'écrivit lui aussi :

J'aime beaucoup ce que vous faites. Ce genre d'écriture est difficile. Tout le monde n'a pas ce talent qui est le vôtre, cette capacité à fouiller dans des souvenirs aussi divers et à les traduire de manière si simple, si émouvante. N'abandonnez jamais. En continuant sur cette voie, un jour vous pourrez également traiter de bien d'autres questions telles que l'oppression des femmes, leur condition... Vous avez si bien commencé. Je vous donne ma bénédiction.

Anand Babu m'envoya également quelque chose que lui-même avait écrit. Je le lus avec grand intérêt. Je ne pourrais pas dire que je réussis à tout comprendre, et Tatush m'expliqua patiemment quelques détails. Mais tout ce que je réussis à comprendre me plut. Malgré tous les encouragements, les mots gentils que je recevais de tous ces gens, je manquais toujours de confiance en moi : est-ce que je serais vraiment capable d'écrire ? Est-ce que je serais à la hauteur de leurs attentes ?

Comme tombé du ciel, un jour, mon père vint nous voir. J'étais en train de faire la cuisine quand, levant les yeux par la fenêtre, je vis quelqu'un arriver à vélo. Je ne le reconnus pas. Il sonna à la porte, je mis un certain temps pour aller ouvrir. Quand il me vit, il s'écria :

— Comment vas-tu, mon enfant ?

— Baba, m'écriai-je, que t'est-il arrivé ? Pourquoi as-tu autant maigri ?

— Ne t'inquiète pas, tout va bien. Comment vont les enfants ?

— Très bien. Tout va très bien. En ce moment, ils sont à l'école.

Je courus dire à Tatush que mon père était là et il me pria de le faire entrer et de lui offrir à manger. Je le fis venir dans ma petite pièce et lui proposai une tasse de thé.

— Non merci, il fait trop chaud !

Je me hâtai de lui préparer un verre de *sherbet*, qu'il accepta :

— Et toi, tu n'en prends pas ?

— Je viens de boire une tasse de thé.

Je lui demandai des nouvelles de sa femme.

— Elle va bien. Elle parle souvent de toi.

Oui, pensai-je, deux ans, cela fait longtemps. Mais je me dis aussi que si j'y retournais quelques jours, toutes les vieilles histoires recommenceraient. Je n'étais pas prête à revivre cela. Avec le temps, il m'était apparu comme une évidence que chacun, homme ou femme, était essentiellement préoccupé par sa propre personne et par son estomac. Si j'avais acquis cette sagesse plus tôt, je n'aurais pas autant souffert.

Après avoir parlé un moment d'une chose et d'une autre, je demandai des nouvelles de tout le monde à Calcutta. Comment allaient mon frère, Ma…

— Ma ? Ta mère ? Mais tu n'as pas su ?

Il m'observa un long moment. Il devait hésiter à me le dire, il ne savait pas comment je le prendrais. Il devait se demander si j'étais capable d'entendre la vérité. Est-ce qu'il devait m'annoncer que ma mère était morte ? Je pense que je réussis à lire dans ses pensées. Je m'écriai :

— Baba !

Je n'avais à présent plus de doute : ma mère était morte.

— Que s'est-il passé ? Est-ce que Ma va bien ?

— Ta mère ? Ta mère est morte il y a six ou sept ans. Ton frère ne te l'a pas dit ?

— Non, personne ne m'a rien dit, répondis-je en sanglotant.

Et quand bien même, qu'aurais-je pu faire ? J'avais entendu dire qu'elle était allée à l'hôpital : elle avait dû mourir à ce moment-là, parce que je n'avais plus eu de nouvelles par la suite. Tout le monde savait, sauf moi, pensai-je. Mon frère, ses enfants, sa famille… ils vivent tous si près de moi, et pourtant, personne n'a jugé nécessaire de m'informer. Alors que je leur ai rendu de multiples visites, aucun n'a jamais fait allusion à une quelconque maladie de Ma, ou au fait qu'elle avait disparu. Et pendant tout ce temps, je me préparais à lui rendre visite. J'avais entendu dire que lorsqu'elle était à l'hôpital, mon jeune frère avait essayé de convaincre Baba d'aller la voir, mais mon père ne l'avait pas fait. Pourquoi l'aurait-il fait ? Il n'avait plus besoin d'elle. Il ne s'était pas rendu à son chevet, même s'il devait savoir qu'elle ne survivrait pas. Il aurait pu le faire comme un dernier geste pour elle, pourtant il ne l'avait pas fait. C'était mon frère cadet, tout seul, qui avait dû se charger des derniers rites, car apparemment, même Dada et sa famille ne l'avaient su que beaucoup plus tard. Et je ne l'apprenais qu'aujourd'hui…

Baba me demanda où était mon fils aîné. Je lui répondis qu'il travaillait tout près et il me demanda s'il pouvait aller le voir. Alors nous y allâmes ensemble. Mon fils fut heureux de le voir, il s'écria : « *Arre*, Dadu ! » et il lui toucha les pieds. Aussitôt, il lui demanda :

— Comment va mon père ?

— Il va bien. Je lui ai demandé de venir avec moi mais il a refusé.

Baba regarda mon fils, les yeux remplis de larmes.

— Comme vous avez tous grandi ! Et vous allez bien. Je suis tellement heureux pour vous.

Puis il se tourna vers moi :

— Tu n'auras plus de problèmes à présent, mon enfant, ton fils a grandi, il pourra veiller sur toi. Attends de voir : un jour, tes ennuis seront finis et ton fils t'épaulera.

Puis il bénit mon fils :

— Continue ainsi, mon fils, lui dit-il avant de repartir avec moi.

Comme il s'apprêtait à nous quitter, Tatush vint lui dire :

— Ne vous inquiétez pas pour votre fille, tout ira bien pour elle.

— Je n'ai plus aucune inquiétude, maintenant qu'elle est avec vous. Je sais que tout ira bien.

Et il partit. Il avait entendu dire que j'écrivais maintenant, et cela lui avait fait plaisir. Contrairement à l'époque où il ne s'occupait pas de moi, il s'inquiétait maintenant de savoir où en était mon travail, m'appelait souvent pour prendre de mes nouvelles. Chaque fois, il me demandait si je ne voulais pas venir le voir, et aussitôt, il ajoutait que si je ne voulais pas rester, je pourrais repartir tout de suite. Mais je n'avais aucune envie d'y aller.

Je fus malgré tout très triste, après le départ de Baba. J'aurais tellement voulu revoir ma mère avant sa mort... Et maintenant, j'étais préoccupée par la santé de mon père. Jethu et Sharmila m'avaient écrit plusieurs lettres auxquelles je n'avais pas répondu, et c'était pour moi un tourment supplémentaire. Finalement, je décidai un jour de leur écrire au moins une réponse, après quoi je me sentirais peut-être mieux. Alors je rassemblai toutes les lettres et m'installai. Je pensais qu'il était préférable de les relire avant d'y répondre. Je commençai par les lettres de Jethu et je les lus comme j'aurais lu une histoire. Dans l'une d'elles, il disait :

Tatush t'a conseillé de consulter un dictionnaire et il a raison, tu dois le faire, cela t'aidera à écrire tes lettres. D'ailleurs, c'est en faisant des fautes qu'on apprend à bien écrire. Il faut persévérer. Ne laisse pas sommeiller ton histoire au rythme des siestes de Tatush ! Pour la nouvelle année, je veux que tu écrives encore plus, et que tu sois en forme. J'aime beaucoup ce que tu écris et je pense que ce sera également le cas pour d'autres. Tu ne peux imaginer le plaisir que ton travail a procuré à ton Jethu et à Tatush, et combien il nous a donné à réfléchir. La chose la plus importante, c'est qu'écrire ne te semble plus aussi difficile qu'avant. As-tu lu autre chose d'Ashapurna Devi ? Il y a quelque temps, je trouvais ton écriture un peu laborieuse, mais à présent elle est très fluide. Maintenant, en te lisant, j'ai envie de te féliciter et de te dire shabaash : bravo ! Si les écrivains se mettaient à s'inquiéter pour ce qui risque d'être omis ou oublié, ils n'écriraient plus une seule ligne. Alors la meilleure chose à faire, c'est d'écrire pour ensuite revenir dessus et y remettre de l'ordre. Après, il faut laisser à ceux dont c'est le métier, comme les éditeurs, le soin de poser la dernière touche. Si tu veux devenir écrivain, il n'y a qu'un seul moyen : prendre la décision de t'asseoir, d'écrire et de foncer. C'est une chose que tu as comprise aussi. Tatush a raison de te dire que si tu fais des fautes, ça n'a pas d'importance, alors un seul conseil : écris.

Plus je lisais les lettres de Jethu, plus je me sentais encouragée à écrire.

Les lettres de Sharmila étaient très différentes. Elle m'écrivait en hindi. J'imaginais qu'elle devait avoir chez elle une fille comme moi à son service. S'occupait-elle d'elle comme elle s'occupait de moi ? Elle ne s'adressait pas du tout à moi comme à une domestique, mais plutôt comme à une amie. Tatush me faisait la lecture de ses lettres et je les recopiais dans mon bengali incertain afin de les relire plus tard quand je me sentais mal. Elle disait :

Baby, réfléchis à ce qui te contrarie tant chez ton père. Essaie, ne serait-ce qu'une fois, de te mettre à sa place et vois ce que tu ressens. Même si tu te sens incapable de lui pardonner, fais-le. Il faut pardonner aux gens, même si on ne les aime pas… Si tu viens me voir, on se fera belles, on dansera et on chantera. J'aime bien m'habiller parfois, et quand tu seras là, tu t'habilleras pour moi et moi pour toi. Quand on se verra, on s'amusera et on rira tout notre soûl, même sans raison ! Baby, est-ce que cela t'étonne quand quelqu'un te dit à quel point il aime ton écriture ? Est-ce que cela ne t'émerveille pas que ta vie si pénible, si dure se soit métamorphosée en une si belle prose ?

Cela m'amusait qu'elle me demande de me faire belle, parce que je n'ai jamais aimé m'habiller. J'ai vu tellement de filles et de femmes faire surgir, au moment de sortir, leur poudre, leur rouge à lèvres, leur peigne, leur *sindhoor*… se draper dans leur sari, se pomponner devant leur miroir et demander à leurs amies comment elles les trouvaient…

Je lisais les journaux tous les matins. Je ne parle pas anglais, mais je regardais tout de même les journaux anglais, parfois seulement les images, et je demandais à Tatush de me les expliquer. Ensuite, il me disait :

— Essaie de lire les mots sous les photos.

Alors je lisais les lettres, une à une, et Tatush hochait la tête ou disait « Hum, hum… » Quand j'avais fini de déchiffrer, il prononçait lui-même le mot et m'en expliquait le sens. Il arrivait que je lui pose tant de questions qu'il ne parvenait plus à lire son propre journal. C'est peut-être pourquoi il me disait parfois :

— Baby, est-ce qu'il ne faudrait pas accompagner les enfants à l'école ?

— Oui, mais il y a encore le temps…

— Quand y vas-tu ? Tu vas être en retard, tu ferais mieux de partir tout de suite.

Alors je me levais et j'y allais. Accompagner les enfants à l'école n'était pas ma seule occupation : il y avait beaucoup à faire. Par exemple, quand Arjun se levait, il fallait que je lui prépare son petit déjeuner et un repas à emporter. Il aimait bien manger certaines choses précises et n'aimait pas les *roti* froids. Alors, à chaque fois, il fallait que je lui en prépare des frais. Cela ne me posait pas de problème : j'aime cuisiner pour les autres et les voir manger, et même quand j'étais avec mon mari, dès que je préparais quelque chose de nouveau, j'en proposais à tous les gens du voisinage. Peut-être que c'était une des choses qui ne lui plaisaient pas chez moi !

J'appréciais autant la lecture des livres de cuisine que les poèmes et les romans. La lecture du journal avait créé chez moi une véritable dépendance, et tout ce que Tatush me lisait ou me rapportait des journaux était pour moi comme une nouvelle découverte. Chaque matin j'attendais au portail l'arrivée des journaux.

Un jour, je me levai tard. En descendant, je me rendis compte que Tatush était allé chercher les journaux et qu'il les lisait. Je filai à la cuisine préparer le thé. Je lui servis son thé, ramassai l'autre journal et commençai à regarder les images. Il me demanda alors :

— Et ton thé, où est-il ? Va le chercher.

Je revins avec mon thé et restai debout à le boire :

— Pourquoi restes-tu debout ? Assieds-toi.

Je m'assis sur une chaise, posai mon verre sur la table et me remis à la lecture du journal.

— Baby, cela fait un an que tu es arrivée dans cette maison. Dis-moi, qu'en penses-tu ? Qu'est-ce qui te plaît et qu'est-ce qui ne te convient pas ? Que penses-tu avoir appris depuis que tu es là ?

Puis il retourna à son journal.

Se demandant s'il s'agissait là d'une question, Baby ne lui fournit pas de réponse. Elle se leva, se posta près de la fenêtre et regarda le ciel. Baby repensait à sa mère : elle tenait tant à ce que ses enfants apprennent à lire, à écrire et mènent une vie agréable… Elle qui n'avait pas connu cette chance, tant qu'elle avait été là, elle n'avait cessé de les pousser à étudier. Si seulement sa mère vivait encore aujourd'hui, elle aurait pu voir que sa Baby savait lire, et qu'elle continuait à apprendre. Comme elle aurait été heureuse ! Baby scruta le ciel, comme en quête de sa mère, comme pour lui dire : « Ma, reviens me voir une dernière fois, je n'ai pas renoncé à la lecture ni à l'écriture, et je veux que mes enfants soient instruits. Ils ont besoin de ta bénédiction, Ma ! »

Baby parlait à sa mère, le visage couvert des larmes qui mouillaient son corsage en glissant le long de sa poitrine avant de s'écraser au sol.

Le thé avait refroidi. Soudain, en entendant des pas, Baby sursauta. En levant les yeux, elle vit qu'Arjun s'était réveillé et qu'il descendait les escaliers.

— Vous prenez déjà le thé tous les deux, demanda-t-il, où est le mien ?

Elle se rendit à la cuisine pour préparer le thé quand quelqu'un sonna à la porte. Il y avait dehors un garçon d'une des maisons voisines. Il portait un paquet qu'il lui remit en disant :

— C'est arrivé hier pour vous. On l'a livré chez nous par erreur.

Elle prit le colis et le tendit à Tatush. Mais Tatush le lui redonna :

— C'est pour toi. Tiens, prends-le : regarde ce qu'il y a à l'intérieur.

Elle s'empara du paquet, alla dans la cuisine et mit de l'eau à chauffer pour le thé d'Arjun. Puis elle ouvrit le colis : il contenait un magazine. Elle se mit à le feuilleter quand son propre nom lui sauta aux yeux. Surprise, elle regarda de plus près, mais c'était vrai, il était bien là ! Les mots disaient : *Aalo Aandhari, Baby Halder.* Et son cœur bondit de joie ! Comme s'il faisait la roue ! Et au beau milieu de tout cela, elle se rappela l'histoire que Jethu lui avait raconté, celle d'Ashapurna Devi qui écrivait après avoir fini son ménage. Elle se dit que Jethu avait raison, que c'était possible d'écrire tout en faisant des ménages.

Tout à coup, elle se rendit compte que l'eau s'était pratiquement évaporée ! Elle prépara rapidement le thé, le servit à Arjun, grimpa les escaliers au pas de course et cria à ses enfants :

— Regardez ! Regardez ! J'ai quelque chose à vous montrer, regardez…

Les enfants arrivèrent en courant et elle leur dit :

— Regardez ! Dites-moi ce qu'il y a écrit là !

D'une voix hésitante, sa fille épela chaque lettre et déchiffra les mots : *Aalo Aandhari, Baby Halder…*

— Ma ! Ton nom dans un livre !

Les deux enfants laissèrent éclater leur joie. Elle les regarda et sentit la tendresse envahir son cœur. Elle les prit dans ses bras et les serra contre elle. Et tout à coup, elle réalisa qu'elle avait oublié quelque chose :

— Il faut que j'y aille ! Il faut que j'y aille ! dit-elle aux enfants. Je reviens tout de suite !

Et elle dévala les escaliers.

Comme je suis bête, pensa-t-elle, j'ai vu mon nom dans le magazine et j'ai oublié l'essentiel ! Elle arriva en bas et s'agenouilla pour toucher les pieds de Tatush. Il posa la main sur sa tête et lui donna sa bénédiction.

LISTE DES PERSONNAGES

ANIL : beau-frère de Baby, fils de Jethima et Manhar.

BABA (Upendranath Halder) : père de Baby, surnommé Nadu Gopal.

BABU (Subotro ou Beta) : fils aîné de Baby.

BADI-BUDI : cousine de Baby.

BADIMA : tante de Baby, sœur de la troisième épouse de Baba.

BHAI : jeune frère de Baby.

BOUDHI : épouse de Dada, belle-sœur de Baby. *Boudhi est le surnom affectueux que l'on donne à une belle-sœur.*

CHACHA : oncle de Baby, frère de Baba.

DADA : frère aîné de Baby.

DADIMA : grand-mère de Baby, mère de la troisième épouse de Baba, de Mama et de Badima.

DIDI (Sushila) : sœur de Baby. *Didi est le surnom affectueux que l'on donne aux jeunes femmes.*

DULAL : ami d'enfance de Baby.

GRANDMA : mère de la première épouse de Baba.

JETHA : vieil oncle, frère aîné de Baba.

JETHIMA : belle-mère de Baby, mère de Shankar et Anil.

MA (Ganga) : mère de Baby, première épouse de Baba.

MAMA : oncle de Baby, frère de la troisième épouse de Baba.

MAMI : tante de Baby, épouse de Mama.

MANGAL : mari de Didi, beau-frère de Baby.

MANHAR : beau-père de Baby, père de Shankar et Anil.

MEZ-BUDI : cousine de Baby, fille de Badima.

PISHIMA : tante de Baby, sœur de Baba.

RAJU : tante de Baby, sœur de Baba.

RATAN : cousin de Baby, fils de Badima.

SANDHYA : voisine et amie de Baby.

SHANKAR : mari de Baby.
SHASHTI : voisine et amie de Baby.
SHIV : fils de l'oncle Jetha.
TATUSH : employeur et bienfaiteur de Baby.
THAKURDA : grand-père paternel de Baby.
VIBHUDA : voisin de Baby et ami de Shankar.

GLOSSAIRE

Agrahayan : fête de la naissance de la déesse Agraha.

almirah : petite armoire en fer.

alpana : motifs rituels à base de poudre de riz dessinés au sol.

Amar Meyebela : autobiographie de Taslima Nasreen, parue chez Stock en 1998, sous le titre « Enfance au féminin ».

anchaal ou *pallu* : extrémité du sari servant parfois à voiler le visage ou à protéger la tête.

Aalo Aandhari : « Ombre et lumière », titre du livre de Baby Halder en hindi.

Arre ! : exclamation courante.

ayah : nourrice.

bahu baat : cérémonie au cours de laquelle la jeune mariée nourrit les invités, elle fait la cuisine et sert chaque convive pendant la fête organisée chez ses beaux-parents.

baraat : procession de mariage incluant groupe de musique et danseurs.

basti : bidonville ou parfois nouveau quartier.

bindi : marque rouge portée sur le front par les femmes.

chapati : galette confectionnée à base de farine et d'eau.

charpai : lit en bois avec un sommier en cordes tressées.

chop mudi : association de deux en-cas salés : pommes de terre bouillies et riz soufflé.

chowki : petite estrade.

chulah : poêle sur lequel on cuisine.

dai : sage-femme.

dal : purée de lentilles.

Devi : nom générique pour désigner une déesse, et nom de l'épouse de Shiva.

gulli danda : sport populaire chez les jeunes Indiens, comparable au cricket.

gunivaid : guérisseur appliquant l'ayurveda (médecine traditionnelle indienne).

Janamashtami : fête de la naissance de Krishna.

jatra : théâtre populaire originaire du Bengladesh, traditionnellement joué à l'extérieur.

kheer : sorte de riz au lait.

kit-kit : jeu de trappe-trappe.

kothi : résidence, demeure luxueuse.

langur : singe gracile à longue queue.

lukochori : jeu de cache-cache.

lungi : pièce de tissu rectangulaire retenue à la taille et couvrant le corps jusqu'aux pieds.

Ma-Mansa : déesse-esprit ; on dit qu'elle exauce tous les désirs.

mela : foire, fête.

memsahib : terme d'adresse ou de référence envers les femmes de statut supérieur.

paan : confiserie indienne à base de feuilles de bétel, habituellement servie à la fin du repas ; elle contient une teinture qui colore la bouche en rouge.

panchayat : conseil du village, généralement composé de cinq élus ou représentants.

pattal : petite assiette fabriquée à base de feuilles séchées.

pitha : gâteau préparé pour des occasions spéciales, par exemple lorsque l'on reçoit une fiancée.

puja : rituel hindou d'offrandes et de prières, en adoration aux divinités.

roti : galette fine à base de farine de blé.

rumalchuri : jeu de la chandelle.

sadh : cérémonie au cours de laquelle on donne à manger certains aliments à la future maman et qui se déroule chez les parents maternels.

satkarya : jour de l'expiation.

sherbet : boisson fraîche à base de sirop de fruits ou d'herbes.

sindhoor : poudre vermillon que l'on applique en point sur le front ou le long de la raie des cheveux, signe que la femme est mariée.

Sri Ramkrishna : philosophe du XIXᵉ siècle qui entreprit une réforme au sein de l'hindouisme ; il prêchait une doctrine d'humanisme et d'amour et pensait qu'il n'existait aucune distance entre le créateur et sa création.

swami : titre de respect donné aux moines hindous.

thali : grande assiette sur laquelle on dispose de petits récipients de condiments et de sauces.

thela : charrette à bras.

tiffin : série de boîtes métalliques empilables dans lesquelles les ouvriers transportent leur déjeuner.

tika : point de poudre rouge au milieu du front ; dans la religion hindoue, marque de protection et de dévotion.

turmeric : curcuma, épice jaune entrant dans la composition du curry.

Vishwakarma : divinité tutélaire des artisans.

Achevé d'imprimer
sur les presses de
l'imprimerie Horizon
à Gémenos

Dépôt légal : février 2007